MARCO POLO

sen mit
Insider Tipps

TANSANIA

SANSIBAR

SUDAN ERITREA
JEMEN
TSCHAD
SOMALIA
ZENTRAL- SÜD- ÄTHIOPIEN
AFRIK. REP. SUDAN
KAMERUN
KONGO
UGANDA KENIA
Äquator
DEM. REP.
KONGO
Dodoma
TANSANIA OZEAN
INDISCHER
KOMOREN
ANGOLA
SAMBIA
MOSAMBIK
MADAGASKAR
SIMBABWE

MARCO POLO Autor
Marc Engelhardt

Sieben Jahre lang hat der Autor in Afrika gelebt und
als Korrespondent den ganzen Kontinent bereist. In
Ostafrika hat ihn nichts so fasziniert wie die Natur:
die Weite der Savanne, die Vielfalt der Tierwelt
und die unerschlossene Wildnis ziehen ihn immer
wieder nach Tansania. Auch das brodelnde Leben
in der Metropole Daressalaam und die Exotik von
Sansibar begeistern ihn bei jeder Reise aufs Neue.

www.marcopolo.de/tansania

Die besten Insider-Tipps → S. 4

INSIDER TIPP

Best of ... → S. 6

Nationalparks → S. 32

Kilimandscharo → S. 52

SYMBOLE

INSIDER TIPP Insider-Tipp

★ Highlight

●●●● Best of ...

☼ Schöne Aussicht

☺ Grün & fair: für ökologische oder faire Aspekte

(*) kostenpflichtige
Telefonnummer

**PREISKATEGORIEN
HOTELS**

€€€ über 150 Euro

€€ 100 – 150 Euro

€ bis 100 Euro

Die Preise gelten pro Nacht
für ein Doppelzimmer mit
Frühstück

**PREISKATEGORIEN
RESTAURANTS**

€€€ über 15 Euro

€€ 5 – 15 Euro

€ bis 5 Euro

Die Preise gelten für ein
Hauptgericht ohne Getränke

INHALT

Daressalaam & Küste → S. 64

Sansibar → S. 76

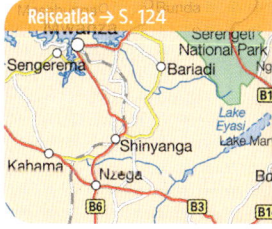
Ausflüge & Touren → S. 94

Reiseatlas → S. 124

GUT ZU WISSEN
Geschichtstabelle → S. 12
Bücher & Filme → S. 23
Spezialitäten → S. 26
Bernhard Grzimek → S. 42
Die Massai → S. 56
Tansanit → S. 59
Was kostet wie viel? → S. 116
Währungsrechner → S. 117
Wetter in Daressalaam
→ S. 118

KARTEN IM BAND
(126 A1) Seitenzahlen
und Koordinaten verweisen
auf den Reiseatlas
(0) Ort/Adresse liegt außer-
halb des Kartenausschnitts
Es sind auch die Objekte mit
Koordinaten versehen, die
nicht im Reiseatlas stehen
(U A1) Koordinaten für die
Karte von Daressalaam im
hinteren Umschlag
Kilimandscharo → S. 60
Sansibar → S. 134/135

**UMSCHLAG HINTEN:
FALTKARTE ZUM
HERAUSNEHMEN →**

FALTKARTE 🗺
(🗺 A–B 2–3) verweist auf
die herausnehmbare Falt-
karte
(🗺 a–b 2–3) verweist auf
die Zusatzkarten auf der Faltkarte

Die besten MARCO POLO Insider-Tipps

Von allen Insider-Tipps finden Sie hier die 15 besten

INSIDER TIPP **Drink vom Baum**

Kein Drink erfrischt so sehr wie Kokosmilch frisch aus der Nuss: als Snack schabt der Verkäufer zudem das süße Fruchtfleisch heraus. Himmlisch! → S. 27

INSIDER TIPP **Pretty in Pink**

Scharen von Flamingos verwandeln den Lake Natron in ein rosiges Farbenmeer. Eingerahmt wird das Bild von den glitzernden Krusten des alkalischen Soda-Sees (Foto o.) → S. 35

INSIDER TIPP **Für Naturliebhaber**

Kaum 100 Menschen im Jahr besuchen Rubondo Island, eine kleine Insel im Viktoriasee – toll für Vogelliebhaber, Wanderer und Sportfischer → S. 38

INSIDER TIPP **Unterwegs im *flycamp***

Die großen Tierwanderungen der Serengeti aus nächster Nähe erleben: Das Sayari Camp macht es möglich, indem es mit mobilen Camps den Tieren folgt → S. 47

INSIDER TIPP **Klänge der Weisheit**

Beim Festival Sauti za Busara tanzt ganz Sansibar zu Rap, Reggae oder dem orientalisch angehauchten Taarab → S. 108

INSIDER TIPP **Kilwa Kisiwani**

Mehr als tausend Jahre alte Paläste zeugen von der einstigen Macht der Suaheli, deren Erbe vielen Archäologen bis heute Rätsel aufgibt → S. 74

INSIDER TIPP **Sonnenbaden mit den Locals**

Kipepeo Beach südlich von Dar ist derzeit Tansanias angesagtester Strand: einfach ausspannen, schwimmen, schnorcheln oder in eine nahe Wellness-Oase einkehren → S. 73

INSIDER TIPP **Tansanias größtes Panorama**

Nirgendwo sonst sieht man so spektakulär und so weit wie in Mtae im äußersten Nordosten der Usambara-Berge → S. 99

INSIDER TIPP Einsamkeit inklusive

Die Insel Mafia ist ein Geheimtipp: Die phantastischen Strände rund um Chole Bay sind fast immer leer und kleine Luxusresorts locken mit robinsonartiger Einsamkeit → S. 85

INSIDER TIPP Abenteuer Alltag

Treffen Sie einen traditionellen Heiler, oder kochen Sie mit den Dorffrauen: Bei den Touren von Eco + Culture in Jambiani lernen Sie Tansania wirklich kennen → S. 90

INSIDER TIPP Öko-Oase im Ozean

Chumbe Island ist eine der letzten unberührten Inseln vor Sansibars Westküste und Heimat der „Palmendiebe" genannten Krebse, die in den Palmwipfeln Kokosnüsse knacken → S. 84

INSIDER TIPP Ein Birdie am Kilimandscharo

Auf Tansanias neuestem Golfplatz spielt man 18 Löcher mit Blick auf Afrikas höchsten Berg → S. 101

INSIDER TIPP Meeresfrüchte und andere Leckereien

Sansibars Forodhani Gardens sind ein Paradies für Feinschmecker: in dem Labyrinth aus Marktständen ist für jeden Gaumen etwas dabei – und das auch noch zu kleinen Preisen! → S. 81

INSIDER TIPP Allein in der Wildnis

Der entlegene Ruaha-Nationalpark sieht kaum Besucher: Hier hat man die grandiose Natur noch für sich allein. Zwischen knorrigen Baobabs ziehen 20 000 Elefanten umher, Biologen haben mehr als 500 Vogelarten gezählt (Foto u.) → S. 42

INSIDER TIPP Auf der Spur der Prinzessin

Verfolgen Sie mit Boot und Eselskarren die ersten Lebensjahre von Prinzessin Salme: von den Ruinen des Palastes ihrer Geburt über das Haus ihrer Cousine bis zu einer Gewürzfarm. Salme gab übrigens ihr Palastleben für einen Deutschen auf → S. 82

BEST OF …

SPAREN

● *Popart, tausende Jahre alt*

Mehr als 200 Zeichnungen haben Künstler aus Urzeiten auf den *Fels-wänden von Kolo* hinterlassen: die mit Naturfarben gemalten Bilder von Tieren, Menschen und abstrakten Motiven haben von ihrer Intensität bis heute nichts verloren. Der Besuch ist kostenlos (Foto) → S. 50

● *Schillerndes Paradies*

Das Licht bricht sich im Strahl des *Ngare-Sero-Wasserfalls* und verleiht dem versteckten Badesee eine magische Aura: nur eine Stunde Fußmarsch von der trockenen Ödnis des Natronsees entfernt liegt diese grüne Oase, für die anders als in den Nationalreservaten kein Eintritt verlangt wird → S. 36

● *Pemba Olé!*

Wenn auf der verträumten Insel im Indischen Ozean die Ernte eingeholt ist, werden die Bauern von Pemba zu *Stierkämpfern*: überall herrscht dann Volksfeststimmung, Zuschauer sind dazu herzlich willkommen → S. 93

● *Schildkröten-Safari*

Sie werden bis zu 200 Kilo schwer und leben länger als ein Mensch: Eigentlich kommen Riesenschildkröten nur in einem entlegenen Teil der Seychellen vor. Auf *Changuu* vor Sansibar ist aber auch eine ganze Kolonie in ihrem Reservat bei freiem Eintritt zu sehen → S. 84

● *Was zwitschert denn da?*

Selbst in Tansanias Städten gibt es mehr und farbenfrohere Vögel als in Mitteleuropa. Vogelkundler von der *Wildlife Conservation Society* bieten samstags gratis Rundgänge durch Daressalaam an → S. 69

● *Rätselhafte Ruinen*

Nicht weit von Bagamoyo entfernt stand einst eine der ältesten Küstenstädte des Landes. Heute sind von *Kaole* nur noch Ruinen übrig, die Archäologen Rätsel aufgeben. Das macht den kostenlosen Besuch zu einer spannenden Spurensuche → S. 66

●●●●● Diese Punkte zeichnen in den folgenden Kapiteln die Best-of-Hinweise aus

TYPISCH TANSANIA
Das erleben Sie nur hier

● *Auge in Auge mit den Big Five*

Löwe, Leopard, Gepard, Nashorn und Elefant: wer diese fünf Könige der tansanischen Steppen bei einer einzigen Reise zu Gesicht bekommt, kann sich glücklich schätzen. Doch auch das „Grundrauschen" aus Zebras, Antilopen und Gnus lässt dem Besucher der *Serengeti* schier die Augen übergehen (Foto) → S. 44

● *Tour de Kili*

Auf zwei Rädern den höchsten Berg Afrikas zu umrunden, ist ein ganz besonderes Erlebnis: So intensiv erleben Sie Land und Leute, an denen man im Auto schlicht vorbeirauscht, sonst nicht → S. 61

● *Sehen wo der Pfeffer wächst*

Der Wald ist für die Sansibari ein Supermarkt mit nicht enden wollenden Vorräten. Auf einer *Gewürztour* lernen Sie, wo welche Vorräte versteckt sind. Nicht nur Gewürze, auch schmackhafte Wurzeln, heilende Kräuter und duftende Blüten stellen die kundigen Führer vor. Und natürlich dürfen Sie auch probieren → S. 81

● *Shoppen wie die Tansanier*

Der *Kariakoo-Markt*, der größte seiner Art in Daressalaam, ist ein Labyrinth von Gerüchen, Geräuschen und Waren, die in bunte Kangas gewandete Händlerinnen lautstark anpreisen. Wertsachen im Hotel lassen und einfach ins bunte Chaos eintauchen! → S. 68

● *Sansibars glitzernde Wunderwelt*

Unter der türkisenen Wellen des Indischen Ozeans wartet ein Paradies: wer mit dem Schnorchel oder dem Tauchgerät auf Meeressafari geht, entdeckt eine farbenfrohe Welt. Gute Tauchreviere auch für Anfänger: *Nungwi* im Norden oder *Paje* im Osten der Insel → S. 88, 90

● *Luxus mitten in der Wildnis*

Ein Sofa neben dem Himmelbett, Silberbesteck zum Dinner unter Sternenhimmel, handbestickte Servietten – auch das ist typisch Tansania. Wer hier die Wildnis kennen lernen möchte, muss auf Luxus nicht verzichten. In Lodges wie dem *Swala Camp* in Tarangire werden Touristen umsorgt wie einst die Großwildjäger im 19. Jahrhundert → S. 49

TYPISCH

BEST OF ...

SCHÖN, AUCH WENN ES REGNET

Aktivitäten, die Laune machen

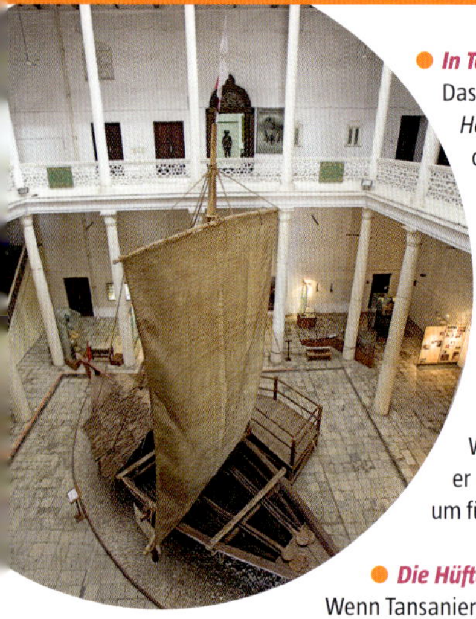

REGEN

- ***In Tansanias Geschichte blicken***

Das rundum modernisierte *Museum and House of Culture* zeigt einen Querschnitt durch Tansanias Geschichte, Kunst und Kultur: von den Schädelfragmenten des „Nußknackermenschen" bis zum Dienstwagen des Königs George V. → S. 68

- ***Wundern im Beit al-Ajaib***

Mit seinem *Haus der Wunder* wollte der sansibarische Sultan Barghash hoch hinaus: damals Unglaubliches wie fließendes Wasser, Strom und sogar einen Aufzug ließ er einbauen. Heute beherbergt es ein Museum für Geschichte und Kultur (Foto) → S. 79

- ***Die Hüften schwingen***

Wenn Tansanier Musik machen, hält es niemanden mehr auf den Stühlen: Ob Jazz, moderner Bongo Flava oder Taarab, Tansanias Clubszene ist in vollem Swing. Besonders heißer Tipp: der *Culture Musical Club* in Stone Town → S. 83

- ***Tansanias moderne Kunst entdecken***

Im *Mawazo Gallery & Art Café* in Daressalaam trifft sich Tansanias Künstlerszene. Hier können Sie sich einen Überblick verschaffen, sich gemütlich mit Malern oder Bildhauern über die ausgestellten Werke unterhalten und auf Wunsch auch Kunstwerke erwerben → S. 68

- ***Fühlen wie die Sklaven lebten***

Die *Sklavenkerker* neben der anglikanischen Kirche von Sansibar sind eng, düster und bedrückend. In den Katakomben erhalten Sie einen Eindruck vom Leid, das ganzen Generationen zugefügt wurde → S. 79

- ***Die Schulbank drücken***

In der *School of St. Jude* dürfen vor allem Kinder staunen, wie der Schulbetrieb in Tansania abläuft – ganz anders als zuhause! Und wenn der Regen nachlässt, lockt eine Fußballpartie auf dem Schulhof → S. 107

ENTSPANNT ZURÜCKLEHNEN
Durchatmen, genießen und verwöhnen lassen

● Relaxen wie Robinson
Fundu Lagoon ist ein Stück Luxus mitten in der Einsamkeit. Das einzige Geräusch hier ist das Rauschen der Wellen. Ob Massage mit Meerblick oder eine Erfrischung im privaten Pool: wer sich hier nicht entspannt, ist selber schuld (Foto) → **S. 93**

● Ein Ziel für Liebende
Mitten in Afrikas größtem Nationalpark liegt die romantische Lodge *The Retreat*. Vor den hölzernen Terrassen fließt träge der Ruaha-Fluss und in den kunstvoll ausgestatteten Wohnzelten wartet ein traditionelles „Liebeslernbett" des Makondestamms auf Sie → **S. 96**

● Das Glück der Erde spüren
Auf dem Rücken der Pferde die Natur rund um den Kilimandscharo erleben können Sie auf der *Makoa-Farm*. Entspannen können Sie sich aber auch auf dem Hof, während die Kinder sich mit den zahlreichen Tieren vergnügen → **S. 61**

● Spa am Strand
Das traumhaft gelegene *Spa* im luxuriösen *Kunduchi Beach Resort* ist auch für Nicht-Gäste offen. Natürlich können Sie zwischen Massage und Facial noch einmal schnell ins nahe Meer springen → **S. 73**

● Wo John Wayne Urlaub machen würde
Hatari Lodge heißt die ruhige Unterkunft bei Arusha. Der Name ist Programm: Aus der alten Farm von Hardy Krüger, der hier mit Westernheld Wayne den Film „Hatari!" drehte, haben die Besitzer einen Ort zum Abschalten und Auftanken mitten in der Wildnis gemacht → **S. 57**

● Schön wie eine junge Braut
Im *Mrembo Traditional Spa* in Stone Town erleben Sie Wellness auf sansibarisch: etwa bei der Schönheitsbehandlung Singo, die die Inselfrauen vor der Hochzeit genießen. Auch Massagen und Behandlungen mit frisch angerührten Cremes und Pasten werden angeboten → **S. 82**

AUFTAKT

ENTDECKEN SIE TANSANIA!

Serengeti, Ngorongoro, Kilimandscharo, Sansibar – Namen, die die Phantasie beflügeln. Wer hat nicht schon von den goldenen Savannen geträumt, aus deren Mitte ein schneebedeckter Berg ragt. Geparden, Gazellen und Gnus sind hier zu Hause, Zehntausende der galanten Tiere finden alleine in einem einzigen Riesenkrater am Rand der Serengeti Schutz und Nahrung. Sansibar hingegen klingt, schmeckt und fühlt sich an wie ein Märchen aus 1001 Nacht: ein Traum vom Orient, umgeben von der türkisfarbenen See.

Endlose Strände und exotische Gewürzfelder liegen auf der paradiesischen Inselgruppe vor Afrikas Ostküste nur wenige Kilometer auseinander. Tansania, das sind aber allem voran auch seine Bewohner: Dazu zählt das wohl berühmteste Volk Afrikas, die Massai, die wie kein anderes für die Wildnis der Savanne stehen, ebenso wie die Suaheli, deren kulturelles Erbe aus Arabien, Portugal und Afrika einen einzigartigen Mix darstellt. Und jedes andere der mehr als 130 tansanischen Völker, deren Gastfreundschaft dafür sorgen wird, dass Ihnen Ihr Traumurlaub noch lange in Erinnerung bleibt.

Bild: Giraffe im Serengeti National Park

Traditionelle Fischerboote, so genannte Dhows, vor Nungwi

Dass wir letztlich alle Afrikaner sind, können Sie sich in der Olduvai-Schlucht im Norden des Landes beweisen lassen: Hier wurden einige der ältesten Überreste der Vorfahren des Menschen ausgegraben. Nicht immer ist man mit den Menschen in Tansania so freundlich umgegangen wie heute: In Bagamoyo, einst die Hauptstadt Deutsch-Ostafrikas, wurden Hunderttausende als Sklaven in die ganze Welt verschifft.

Das heutige Tansania ist mit einer Fläche von 945 000 km^2 fast dreimal so groß wie Deutschland. Ein Viertel dieses Gebiets steht unter Naturschutz. Neben dem Serengeti-Nationalpark glänzen unbekannte Reservate wie Tarangire, Arusha oder Saadani durch ihre eigene und unverwechselbare Landschaft. Auch das größte Schutzgebiet

3,5 Mio. Jahre v. Chr.
Die „Wiege der Menschheit": Hominiden hinterlassen ihre Spuren im Great Rift Valley

Ab 9. Jh.
Beginn des Handels. Aufschwung der Suaheli-Kultur

1498
Vasco da Gama erreicht die ostafrikanische Küste. Die Portugiesen herrschen für 200 Jahre

18. Jh.
Muslime kontrollieren die Handelswege. Der Handel mit Elfenbein, Sklaven und Bodenschätzen blüht

19. Jh.
Die ersten Missionare kommen

Afrikas, das Selous-Reservat, liegt in Tansania. Mit 44 800 km^2 ist es fast viermal so groß wie die Serengeti.

Tansania ist Safariland: Die meisten Touristen brechen nach ihrer Ankunft ohne Umwege zu den Wildbeobachtungen auf – am beliebtesten ist dafür der Norden des Landes –, um sich später an den Stränden Sansibars zu erholen. Ein kleiner Teil entscheidet sich aber fürs Bergsteigen und erklimmt den 5895 m hohen Kilimandscharo. Das Bergmassiv mit seiner berühmten Schneespitze ist das „Dach Afrikas".

Das Kontrastprogramm zur Natur wartet in den Städten, vor allem in Tansanias größter Metropole Daressalaam. Aus Radios am Straßenrand scheppert Musik, der Imam ruft zum Gebet, Händler versuchen, ihre Waren unters Volk zu bringen, und Bettler bitten um ein paar Schillinge. Tansania ist eines der ärmsten Länder der Welt: Wer Arbeit hat, verdient im Schnitt weniger als 50 Euro im Monat. Wer – wie die meisten – keine hat, muss sehen, wie er sich durchschlägt, vor allem auf dem Land. Mehr als vier Fünftel der 40 Mio. Tansanier sind Kleinbauern, die für ihren Eigenbedarf anbauen und deren Ernte ausschließlich von den wegen des Klimawandels immer unberechenbareren Regenfällen abhängt. Trotz all

> **Mehr als vier Fünftel der Tansanier sind Kleinbauern**

dieser Probleme geht es dem Land heute deutlich besser als zu Zeiten des Ujamaa-Sozialismus von Gründungspräsident Julius Nyerere, als Regale in den Geschäften oft

1873
Der Sklavenhandel wird verboten

1890
Sansibar wird britisches Protektorat. Tanganyika gehört zur Kolonie Deutsch-Ostafrika

1905–1907
Rebellion der afrikanischen Arbeiter *(Maji-maji-Aufstand)* gegen die deutschen Kolonialherren

1919
Nach dem 1. WK wird Tanganyika unter das Protektorat der Briten gestellt

9. Dez. 1961
Unabhängigkeit; ein Jahr später wird Julius Nyerere zum Präsidenten gewählt

monatelang leer verstaubten und die Menschen nur dank geschmuggelter Waren aus Kenia überlebten.

Wie viele andere afrikanische Länder, so erlebt auch Tansania seit einigen Jahren ein rapides Wirtschaftswachstum. Das Bruttosozialprodukt steigt im Durchschnitt um fünf Prozent pro Jahr, die Mittelschicht wächst. Die Regierung hofft auf Einnahmen aus Gas- und Uranvorkommen, die bald erschlossen werden sollen. Und auch im mit Abstand größten, informellen Sektor ist heute mehr Geld zu machen als früher. Nicht zuletzt die Mobilfunkrevolution – fast jeder Tansanier hat heute Zugang zu einem

Trotz rapidem Wirtschaftswachstum sinkt die Armut nur langsam

Handy – hat dazu geführt, dass aus einstigen Tagelöhnern umtriebige Unternehmer geworden sind. Bauern besorgen sich per Handy die Preise auf den Märkten, damit sie von Zwischenhändlern faire Preise verlangen können. Kleinstunternehmer überweisen mit dem Handy Geld oder zahlen es auf ein virtuelles Sparkonto ein. Der größte Teil der Tansanier arbeitet indes noch auf den Feldern – oft noch so wie vor hundert Jahren. Künstliche Bewässerung ist selten, Saat und Dünger sind knapp, Landrechte ungeklärt. Die Armut sinkt deshalb – trotz wirtschaftlichen Wachstums – nur langsam.

Symbol des „neuen" Tansanias ist der seit 2005 regierende Präsident Jakaya Kikwete. Respekt hat sich der charismatische Politiker nicht zuletzt damit verdient, dass er mit der weit verbreiteten Korruption aufräumt und bereits den Zentralbankchef, Premierminister und alleine im Frühjahr 2012 sechs Minister in die Wüste geschickt hat. Tansania, das bisher jährlich mehr als 1 Mrd. Dollar Entwicklungshilfe empfängt, steigt auch dank solcher Maßnahmen mehr und mehr zum Liebling westlicher Politiker auf.

Tansania ist ein buntes Mosaik aus Ethnien, Sprachen und Traditionen. Es grenzt fast an ein Wunder, dass diese Vielfalt keine politische Instabilität erzeugt – wie es in den Nachbarländern oft der Fall ist. Etwa 130 Volksgruppen leben im Land, und ebenso viele unterschiedliche Sprachen werden gesprochen. Nationalsprache ist Suaheli – ein Idiom, das aus der Begegnung der Küstenbewohner mit arabischen Seefahrern entstanden ist. Mit Englisch, der Sprache der britischen Kolonialherren, kommen Sie in Tansania aber überall durch.

26. April 1964
Tanganyika und Sansibar schließen sich zur Republik Tansania zusammen

1967
Arusha-Deklaration: Die sozialistische Ära beginnt

1985
Nyerere tritt zurück, der Afrikanische Sozialismus ist gescheitert

1995
Erste Mehrparteienwahlen

2005
Jakaya Kikwete wird Präsident

2020
In diesem Jahr soll der Schnee auf dem Kilimandscharo verschwunden sein

Ein Leopard in der Serengeti: die nachtaktiven Raubkatzen am Tag aufzuspüren, ist eine Kunst

Jung ist diese Nation: 1961 wurde das ehemalige Deutsch-Ostafrika von Großbritannien unabhängig, drei Jahre später schlossen sich Tanganyika (so die historische Bezeichnung des Festlands) und die Inselgruppe Sansibar zur Republik Tansania zusammen. Ein innenpolitischer Unsicherheitsfaktor ist heute allein Sansibar – was daran liegen mag, dass die Inseln zu den ärmsten

> **Die junge Nation wurde erst 1961 unabhängig**

Regionen des ganzen Landes zählen. Die vorhandene Unabhängigkeitsbewegung hat dennoch wenig Rückhalt in der Bevölkerung.

Eine der größten Herausforderungen, vor denen Tansania steht, ist die Erhaltung seiner sagenhaften Natur. Noch gehört das Land zu den artenreichsten der Welt. Doch viele der 310 Säugetierarten, mehr als 1100 Vogelspezies und 10 000 Pflanzen, von denen es ein Viertel nirgendwo sonst auf der Welt gibt, sind durch Bevölkerungswachstum, große Nutztierherden und Brandrodung stark gefährdet. Umstrittene Projekte zur „Modernisierung" Tansanias wie die geplante Schnellstraße, die die Serengeti in zwei Hälften teilen soll, gefährden die Natur weiter. Umso wichtiger sind die Projekte, die Umweltschutz und die lokale Bevölkerung in nachhaltigen Tourismus einbeziehen. Seit Jahren spielen solche Vorhaben eine immer wichtigere Rolle. Experten sind sich einig, dass die Natur nur dadurch auch langfristig eine Chance hat. Es lohnt sich, als Urlauber darauf zu achten, ob ökologische und soziale Standards eingehalten werden. Damit Sie eines Tages in ein ebenso zauberhaftes Land zurückkehren können, wie Sie es jetzt genießen.

IM TREND

1 Zack, Boom, Peng

Katunis Tansanias Comics sind nicht für Kinder, sie sind Kunst und sie haben meist eine politische Aussage. So wie die Werke von Ali Masoud *(www.kipanya.co.tz)* oder Fred Halla *(www.katuni.itgo.com)*, die Wochenzeitungen illustrieren und mit dem *Rafiki Trust (www.rafikitrust.org.uk)* ihre Werke zeigen. Ausstellungsfläche für die Katunis bietet die *Mawazo Gallery & Art Café (Upanga Road, Daressalaam, mawazoart.com, Foto)*.

2 Gut gepanzert

Ökologisch An der Küste dreht sich fast alles um diese Meeresbewohner. Die Schildkröte liegt nicht nur *Buccaneer Diving (Sansibar, www.buccaneerdiving.com, Foto)* am Herzen, sondern auch den Urlaubern. Sie können mit der Tauchschule spezielle Turtle-Exkursionen machen und so viel über die Urzeittiere lernen. Auf Mnemba unterstützt *& Beyond (www.andbeyond.com)* den Schutz mit nachhaltigem Tourismus, *Seasense (www.seasense.org)* setzt sich rund um Mafia Island mit dem *Tanzania Turtle Programme* für den Schutz von Schildkröten und Seekühen ein.

3 Zum Mitnehmen

Picknick So viel zu sehen und so wenig Zeit? Fragen Sie in Arushas Lokalen doch einfach nach einer Lunch Box. Die bieten immer mehr Restaurants und Cafés an, schließlich kennen sie den eng gestrickten Zeitplan der Urlauber. So wie das am Clock Tower gelegene *Café Food & Internet* oder das *Damascus (Simeon Road)*. Hier kommen orientalisch-spanische Leckereien in die Kühlbox. Wer mit den Picknickpaketen des *Onsea House (Moivaro, Moshono)* auf Safari geht, muss höchstens aufpassen, dass er mit Quiche und Gebäck von Axel Janssen keinen der Big Five auf die Picknickdecke lockt.

In Tansania gibt es viel Neues zu entdecken. Das Spannendste auf dieser Seite

Hingucker mit Herz

4

Schmuck Der Schmuck der Massai ist farbenfroh. Wer die Hingucker als Souvenir mitnehmen will, tut nicht nur sich etwas Gutes. Frauen aus Mkuru stellen Ketten und Co. für *Tanzania Maasai Women Art (www.tanzaniamaasaiwomenart.com, Foto)* her – unter fairen und nachhaltigen Bedingungen. Kaufen kann man die Stücke im *TFA Einkaufszentrum (Sokoine Road, Arusha)*. Der Umweltschutz spielt auch bei den Kreationen von *Neema Crafts (Iringa, www.neemacrafts.com)* eine Rolle. Die traditionellen Ketten sind aus Altglas. *Chichia London (im Slipway Einkaufszentrum, Daressalaam)* setzt auf Biobaumwolle, der sie typisch ostafrikanische Muster verpasst und so grenzüberschreitend Trends setzt.

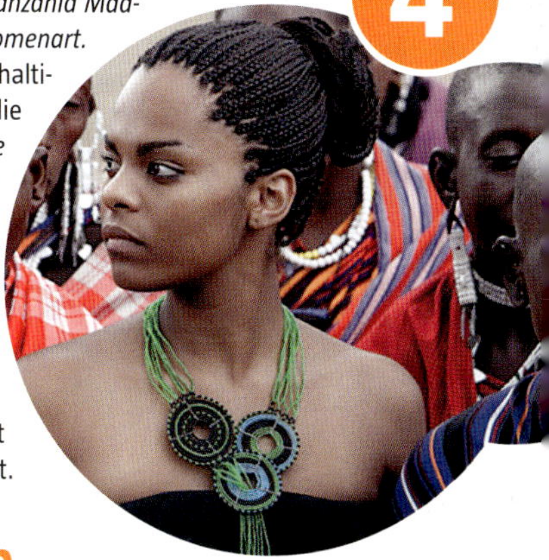

Auf zwei Rädern

5

Kilimandscharo Der höchste Berg des Kontinents zieht Abenteurer und Extremsportler magisch an. Sie erklimmen und umrunden den Kilimandscharo nicht mehr nur zu Fuß, sondern auch mit dem Rad. Der *Kilimandscharo Marathon (www.mtkilimanjaromarathon.com)* ist dank der Landschaft und der Stimmung entlang der Route ein einmaliges Erlebnis für Läufer mit guter Kondition und nun auch Radfahrern zugänglich. Wer vor keiner Herausforderung zurückschreckt, tritt bei der *Vaude Kili[man]jaro Adventure Challenge (www.kilimanjaroman.com, Foto)* an. In sechs Tagen wird der 5895 Meter hohe Berg erklommen, in weiteren zwei Tagen wird er per Rad umrundet und am letzten Tag wartet der Marathon. Wem beim Lesen schon die Puste ausgeht, macht eine Bike-Safari *(www.safarimtb.com)*. Spätestens beim Anblick von Löwe und Co. verschlägt es aber auch denen den Atem.

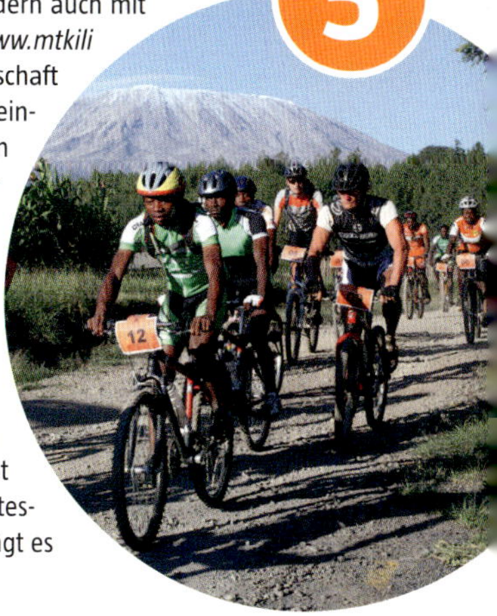

STICHWORTE

AIDS

Die Immunschwächekrankheit hat in Tansania fast eine ganze Generation auf dem Gewissen. Auf dem Land sind es heute überwiegend die Großeltern, die ihre Enkel großziehen. Mehr als 25 Jahre nach dem ersten Auftreten sind heute mindestens 1,6 Mio. Tansanier infiziert. Die Zahl der Todesfälle wird auf jährlich zwischen 100 000 und 200 000 geschätzt. Ungeschützter Sex ist auch für Urlauber lebensgefährlich.

BIG FIVE

Löwe, Rhinozeros, Elefant, Leopard und Büffel: Die fünf größten Säugetiere Afrikas waren früher das Hauptziel der Jagdsafaris und werden *Big Five* genannt. Doch die Tage der Großwildjäger, die auf Felle und Elfenbein aus waren, sind vorbei. Heute geht man auf Fotosafari – und anstelle des omnipräsenten Büffels zählt dabei der Gepard zu den *Big Five*.

BONGO CINEMA

Wie bedeutend Tansanias eigene Filmindustrie ist, zeigte ein tragisches Ereignis im Frühjahr 2012: Mehr als 30 000 Fans gingen in einem Trauerzug auf die Straße, um den Tod des Schauspielers Steven Kanumba (genannt „der Große") zu betrauern. Tansanias Präsident sagte eigens eine Auslandsreise ab, um beim Begräbnis dabei zu sein. Zwar war Kanumba bei seinem Tod erst 28 Jahre alt, doch seine Auftritte in den vor Ort gedrehten „Bongo"-Filmen hatten ihn in ganz Ostafrika (und darüber hin-

Bild: Löwin mit Jungen im Ngorongoro-Krater

Etwas Suaheli für den Hausgebrauch und die Big Five fürs Fotoalbum: Wissenswertes über den Vielvölkerstaat Tansania

aus) berühmt gemacht. Die Bongo-Filme made in „Tollywood" laufen in Bars, Hotels und in jedem Haushalt, der einen Fernseher hat, von morgens bis abends rauf und runter. Dass die Kamera wackelt und der Ton kratzt und scheppert, stört die Zuschauer ebenso wenig wie das meist einfältige Laienspiel der meisten Schauspieler oder die durchsichtige Handlung. Fast immer geht es um Liebe und Familienzwist. Fäuste fliegen, Küsse werden gehaucht und ab und an wird ein traditioneller Zauber gesprochen.

Bongo-Filme sind vor allem eins: zu 100 % im tansanischen Alltag verhaftet, so dass die Zuschauer sich mit der Handlung identifizieren können. DVDs der Filme, die auf Suaheli und auf Englisch produziert werden, gibt es auf jedem Markt zu kaufen.

DALLA-DALLA

Faszinierend, wie viele Menschen in einen Toyota-Kleinbus passen: Bei einer Fahrt mit dem *Dalla-Dalla* sind 25 Fahrgäste keine Seltenheit. Umso erstaunlicher ist es, wenn man die Tansanier nach der heißen, holprigen Fahrt aussteigen sieht: die Anzüge scheinbar unzerknittert, die Kleidung fleckenlos! Touristen können sich dem traditionellen Gefährt

Der wohl populärste *mzungu* Tansanias: Bernhard Grzimek

in der Stadt (nur tagsüber!) durchaus anvertrauen. Auf Sansibar sind die privat betriebenen Kleinbusse das Standardverkehrsmittel – staatliche Busgesellschaften gibt es dort nicht. Der große Vorteil der *Dalla-Dallas* ist ihr Preis: Eine Stadtfahrt kostet selten mehr als ein paar Hundert Schillinge.

JAMBO

Jambo! (sprich: Dschambo!) heißt „Hallo" auf Suaheli und ist der Start für ein ausführliches Begrüßungsritual, bei dem man sich nach dem Wohlergehen der Familie, der Arbeit, der Kinder und dem ganzen Rest erkundigt. Diese Form der Höflichkeit hat einen hohen Stellenwert in Tansania: Niemand käme auf die Idee, in einen Laden zu gehen und einfach etwas zu kaufen. Erst mal wird nachgefragt, wie es dem Verkäufer geht – ob man noch zum Geschäftlichen kommt, wird sich zeigen. Zeit haben Tansanier schließlich als Einziges im Überfluss.

JUJU

Zauberei oder *Juju* bestimmt bis heute alle Aspekte des tansanischen Lebens. Ein Drittel der Tansanier hat in der letzten Volksbefragung als Religion „Naturglauben" angegeben – in Wirklichkeit sind es wohl viel mehr, die außer zur Kirche auch zum Juju-Priester und statt ins Krankenhaus zum Geisterheiler gehen. Als Humbug abtun sollte man den Glauben keinesfalls. Er hat eine längere Geschichte als manch andere Religion und ist tief im Land und seinen Traditionen verwurzelt.

MUSIK

Musik und Tanz gehören auch in den ärmsten Dörfern fest zum Leben. Eines der beliebtesten Instrumente ist das Xylofon. In Zentral-Tansania werden mit *marimbas* – Xylofone mit vibrierendem Hohlkörper – ganze Orchester bestückt. Vor allem im Westen des Landes ist die Trommel *(ngoma)* bei Festen das beherrschende Instrument – es gibt sogar einen gleichnamigen Tanz. In der Kolonialzeit führten deutsche und britische Militärkapellen zur Entwicklung von *beni ngoma* – Musikvereinen, die traditionelle Trommeln mit Blechblasinstrumenten verbinden. Zur Musik der Moderne gehört eine lebendige Hip-Hop-Szene und der enorm beliebte *Bongo Flava* – Rap mit afrikanischen Einschlägen. An der Küste und besonders auf Sansibar ist es die arabisch beeinflusste *Taarab*-Musik, die die Menschen begeistert. Ihre Kennzeichen: Rhythmus, Trommeln und aktuelle, oft kritische Texte. Mehr zur zeitgenössischen Musik Tansanias unter *www.afropop.org* oder *www.bongoflava.com*.

MZUNGU

Je weiter entfernt von der Touristenroute Sie unterwegs sind, desto eher werden Kinder mit dem Finger auf Sie zeigen und *mzungu, mzungu* (Suaheli für: weißer Mann) rufen. Zwar sind die Zeiten vorbei, als man auf dem Land noch nie einen Weißen gesehen hatte. Doch außergewöhnlich ist europäischer Besuch dort immer noch. Mzungu sind Sie aber auch in den Touristenhochburgen, wo Sie oftmals nicht drum herumkommen, Mzungu-Preise zu zahlen, die dem westlichen statt dem afrikanischen Geldbeutel angepasst sind.

SAFARI

Eine Safari (Suaheli für: Reise) in Tansania ist ein einmaliges Erlebnis. Rechnen Sie mindestens zwei, in den größeren Parks besser drei Nächte ein, um Tierwelt und Umgebung in aller Ruhe zu genießen. Die meistbesuchte Safari-Region ist der *Northern Circuit* westlich und nordwestlich von Arusha. Dort befinden sich die beliebtesten Nationalparks des Landes: die Serengeti, Ngorongoro, Lake Manyara und Tarangire. Den weniger bekannten *Southern Circuit* (u. a. Selous Game Reserve) erreichen Sie von Daressalaam aus.

Eine Tour in die nördlichen Parks organisieren Sie am besten von Arusha aus. Die meisten auf den Süden spezialisierten Veranstalter sitzen in Dar. Die Buchung einer Safari vor der Ankunft in Tansania ist üblich und zudem ratsam – vor allem in der Hauptsaison sind Lodges und Touren oft Monate im Voraus ausgebucht. Angeboten werden meist *packages* (Transport, Unterbringung, Safari plus Fahrer und/oder Führer im Paket). Die Preise der Veranstalter *(tour operators)* variieren stark. Rechnen Sie für eine Safari, bei der Sie in einer Lodge übernachten, mit mindestens 250 Euro pro Kopf und Nacht (nach oben offen). Die Hälfte davon geht allein für Parkgebühren drauf.

Safaris sind – mit Ausnahme der Regenzeiten, wenn Wege oft unpassierbar werden – zu jeder Jahreszeit möglich. Von Juni bis September – und damit nach der großen Regenzeit – halten sich besonders viele Tiere in den Nationalparks auf, weil sie genügend Wasser und Futter vorfinden.

SUAHELI

Die Suaheli (englisch: *Swahili*) waren Tansanias erste bekannte Hochkultur, entstanden aus einem Mix von afrikanischen, persischen und arabischen Kaufleuten und Traditionen. Ab dem 10. Jh. bauten sie Städte und den Goldhandel mit der Außenwelt aus. Eine der größten Ruinenstädte der Suaheli liegt auf *Kilwa Kisiwani,* einer Insel südlich von Dar. Ibn Battuta, eine Art arabischer Marco Polo des 14. Jhs., beschrieb Kilwa als „eine der schönsten und bestkonstruierten Städte der Welt". Manche Historiker glauben, dass die Legende von König Salomons Goldminen hier ihren Ursprung hat. Nach dem 15. Jh. verschwand die Suaheli-Kultur auf einmal von der Bildfläche. Darüber, was mit ihr geschah, rätseln Archäologen bis heute. Das heutige Tansania verdankt den Suaheli seine Landessprache: Nach der Unabhängigkeit entschied sich Julius Nyerere, Kisuaheli und nicht Englisch zur Staatssprache zu machen. Außerdem verabreden sich die Tansanier bis heute in Suaheli-Zeit: Sie beginnt mit 0 Uhr bei Sonnenaufgang (am Äquator fast immer um 6 Uhr früh), 6 Uhr entspricht unserer Mittagsstunde, und um 12 Uhr (18 Uhr) geht die Sonne wieder unter. Fragen Sie im Zweifel nach, welche Zeit gemeint ist!

UJAMAA

Tansanias erster Präsident Julius Nyerere, der von 1961 bis 1985 regierte, führte sein Land in den „afrikanischen Sozialismus", dessen Kern die Dorfgemeinschaft sein sollte. Die Politik des *Ujamaa* (Suaheli für: Gemeinschaft) führte die Bevölkerung in Gemeinschaftsdörfern zusammen, die sich selbst verführte. Viele dieser Orte leiden noch heute darunter. Korruption und Machtmissbrauch taten ein Übriges, um ein wirtschaftliches Desaster zu schaffen, das auch die Regierung Nyerere nicht länger ignorieren konnte. Ende der 1970er Jahre wurde das Experiment eingestellt.

VIELVÖLKERSTAAT

128 Völker oder Ethnien leben in Tansania in Frieden miteinander. Das liegt zum einen daran, dass es keine dominierende Volksgruppe gibt: Suku-

128 Völker leben in Tansania, darunter auch das Nomadenvolk der Massai

walten und versorgen sollten. Tansanias Einheitspartei Tanu bestimmte 8000 Ujamaa-Dörfer, Hunderttausende wurden dorthin zwangsumgesiedelt. In den Dörfern wurden intensive Monokulturen propagiert, was zur Auslaugung der Böden und zum Versiegen der Quellen ma, Nyamwezi und Makonde, die drei größten Ethnien, stellen je für sich weniger als zehn Prozent der Bevölkerung. Die Volkszugehörigkeit ist von großer Bedeutung: Sprache, Kultur, Zeremonien und Riten werden bewusst gepflegt. Dennoch fühlen sich Tansanier, anders als in anderen afrikanischen Ländern, vor allem als Staatsbürger: einer der positiven Effekte von Nyereres Ujamaa-Politik. Denn nachdem Mitglieder verschiedenster Ethnien zwangsweise in den Gemeinschaftsdörfern landeten und dort mit ihren Problemen klarkommen mussten, entstand ein Zusammengehörigkeitsgefühl, das es vorher nicht gegeben hatte.

WIEGE DER MENSCHHEIT

Für Paläontologen ist die Sache klar: Wir sind alle Afrikaner. Vermutlich trennte sich der Entwicklungspfad von Affen und Menschen vor vier bis sechs Mio. Jahren im Great Rift Valley, das sich durch Tansania, Kenia und Äthiopien zieht. Belege dafür fand das Forscherpaar Richard und Mary Leakey in der tansanischen Olduvai-Schlucht. Aus den dort entdeckten Knochenresten lässt sich ablesen, dass der jüngste Vorfahre des heutigen Menschen, der Homo erectus, mindestens 1 Mio. Jahre neben anderen Hominiden in Afrika lebte, bevor sich aus ihm vor ca. 500 000 Jahren der Homo sapiens entwickelte. Vom Rift Valley aus breitete sich der „denkende Mensch" in die unwirtlichen Gegenden im Norden (Europa) und den Rest der Welt aus.

BÜCHER & FILME

▶ **Die Kinder der Regenmacher** – Im Hauptwerk von Aniceti Kitereza, einem der wichtigsten tansanischen Schriftsteller, geht es um die Liebe und das Leben eines kinderlosen Paares auf dem Land

▶ **Eine Frage der Zeit** – Drei deutsche Werftarbeiter reisen nach Deutsch-Ostafrika, um im Auftrag des Kaisers ein Dampfschiff in Einzelteile zu zerlegen und auf dem Tanganyika-See wieder aufzubauen. Drama von Alex Capus nach einer wahren Geschichte

▶ **Der Mann, der die Tiere liebte** – Lesenswerte Biografie von Claudia Sewig über Bernhard Grzimek

▶ **Sansibar** – Moderner Politkrimi von Giles Foden, der die Trauminsel im Umfeld von islamischem Extremismus und den Al-Kaida-Anschlägen auf die US-Botschaften in Nairobi und Daressalaam von 1998 beschreibt

▶ **Der Geisterwald der Ahnen** – So heißt der erste Fall von Bwana Msa, dem knorrigen sansibarischen Detektiv – ein Krimi mit vielen Details zu Kultur und Geschichte der Insel. Aus dem Suaheli übersetzt und als Hörbuch liebevoll gestaltet vom Deutschen Guido Korzonnek *(www.kalamu.de)*

▶ **Hatari!** – Regisseur Howard Hawks inszenierte den Klassiker 1962 als grandiosen Landschaftsfilm. Gedreht wurde u. a. in Arusha und der Farm Momella (heute Hatari Lodge)

▶ **Schnee auf dem Kilimandscharo** – Ernest Hemingway schrieb 1936 die Short Story über den Schriftsteller Harry, der zwischen Traum und Tod unterhalb des Kilimandscharo-Gipfels auf Rettung wartet. 1953 diente der Stoff als Vorlage für den Hollywoodklassiker *Schnee am Kilimandscharo* (mit Gregory Peck; Regie: Henry King)

ESSEN & TRINKEN

Eben noch im Meer, jetzt auf Ihrem Teller: Vor allem an der Küste ist die Frische der Gerichte unglaublich. In einigen kleineren Hotels müssen Sie deshalb schon am Mittag bestellen, was der Fischer für Sie bis zum Abend angeln soll. Die Vielfalt an frisch gefangenem Fisch und Meeresfrüchten macht das Essen an der Küste zu einem einzigen Genuss. Fisch wird meist als Ganzes gegrillt oder in einer gewürzten Sauce gekocht. Hummer ist eine Spezialität, die auf Sansibar besonders erschwinglich ist und die man unbedingt probieren sollte, am besten einfach gekocht oder gegrillt. Auch die riesig großen Krebse und Krabben sind sehr wohlschmeckend.

Wer lieber Fleisch als Fisch isst, befindet sich in Tansania in guter Gesellschaft.

Nicht umsonst ist *nyama choma* (gegrilltes Fleisch) das Nationalgericht im Binnenland. Traditionell wird dafür ein vom Kunden ausgesuchtes Stück Ziege oder Schaf auf Holzkohle gegrillt und am Tisch in Stücke geschnitten, dazu gibt es Salz und *Ugali* (Maisbrei). Ebenso zubereitet wird frisch geschlachtetes Rind angeboten, Schwein gibt es hingegen nur selten und ist sehr teuer. Das Rindfleisch aber ist günstig und zudem von erstklassiger Qualität: Alle Tiere stammen aus Freilandhaltung. Tansanier schwören auf durchwachsenes Fleisch mit ordentlicher Fettkante, doch es hat sich herumgesprochen, dass Urlauber meist magere Stücke bevorzugen. Aus hygienischen Gründen sollten Sie Ihr Steak mindestens *medium* bestellen, zumal „blutig" (Eng-

Bild: Fischmarkt auf Sansibar

Ob Fisch, Gemüse, Obst oder Fleisch: Dose oder Tiefkühlfach sind in Tansania unbekannt, stets werden frische Zutaten verarbeitet

lisch: *rare*) in Tansania durchaus wörtlich genommen wird.

Vegetarier können sich auf die indische Küche freuen, die praktisch überall angeboten wird. Zu den beliebtesten Gerichten gehören *dal* (Linseneintopf), *massalas* (Currys) mit Gemüse (oder Huhn) und der auf vielfältige Weise zubereitete *paneer,* ein fester Kochkäse. Dazu werden Reis, *nan* oder *roti* (verschiedene Fladenbrote) serviert.

Den Tag beginnen die Tansanier im Binnenland zünftig: Eier, *baked beans,* Würstchen und ausgebratener Speck, dazu elastisches Toastbrot, das mit Butter oder *blue band* (spezielle Margarine, die erst bei hohen Temperaturen schmilzt) bestrichen wird. Gutes Vollkornbrot ist selten. An der Küste besteht das Frühstück meist aus *chai* (Tee) mit *mandazi* (Krapfen) oder *chapati* (Teigfladen). Auf Sansibar gibt es den starken arabischen Kaffee, oft mit einer Prise Kardamom gewürzt, der aus mit einem langen, vogelartigen Schnabel versehenen Kannen ausgegossen wird. Ansonsten ist (von

SPEZIALITÄTEN

▶ **Chai** – Tansanische Teevariante. Die Blätter werden in Milch statt in Wasser gekocht, dazu gibt es viel, viel Zucker

▶ **Chapati** – Teigfladen aus Mehl und Wasser, der am Morgen noch warm zu einer Tasse *chai* genossen wird

▶ **Chipsi Mayai** – Beliebtes Fastfood, ähnlich der spanischen Tortilla. In dieser Variante allerdings mit Pommes frites serviert

▶ **Custard Apple** – Das saftige, weiße Fleisch der auf Sansibar angebauten Frucht schmeckt wie der britische Pudding gleichen Namens

▶ **Dagaa** – Sardinenartiger Fisch aus dem Viktoriasee, der gebraten oder frittiert als Ganzes gegessen wird

▶ **Kachumbari** – Wenn Tansanier „scharf" sagen, dann meinen sie auch scharf – vor allem bei dieser Sauce, die zu Fleisch oder Fisch gereicht wird

▶ **Mandazi** – In Fett gebackener, dreieckiger Krapfen, der statt *chapati* zum Frühstück serviert wird

▶ **Mango** – Von Dezember bis März ist Erntezeit auf Sansibar. Dann gibt es die süßen Früchte frisch vom Baum. Besonders wohlschmeckend sind die kleinen, runderen *apple mangoes*

▶ **Mchuzi** – Aus Zwiebeln, Tomaten und anderen Gemüsen gekochte Sauce, die traditionell zu *Ugali* serviert wird

▶ **Pilau** – Ein mit Zimt, Kardamom und Fleischstückchen zubereiteter Reiseintopf

▶ **Samosas/Sambusas** – Mit Fleisch, Fisch oder Gemüse gefüllte und frittierte Teigtaschen. Ein toller Snack für zwischendurch

▶ **Suaheli-Reis** – In Kokosmilch gekochter Reis, mit Koriander und anderen Gewürzen abgeschmeckt. Wird an der Küste zu allen Fischgerichten gereicht (Foto li.)

▶ **Ugali** – Fester, geschmacksneutraler Maisbrei, der Saucen wunderbar aufnimmt und satt macht – für viele Tansanier das tägliche Brot (Foto re.)

Moshi und Arusha abgesehen) guter Kaffee im Land selten: Es dominiert Instantkaffee, der dünn aufgegossen wird. Als Snack gibt es nichts Besseres als die tansanischen Früchte, die sensationell schmecken – kein Vergleich zur deutschen Supermarktware, die im Schiff oder Flugzeug Tausende Kilometer nach Europa zurückgelegt hat. Außer den kleinen, süßen Bananen gibt es Mangos, mehrere Sorten Papaya (mit einem Spritzer Zitronensaft essen) und Passionsfrucht, die man auslöffelt – die Kerne werden mitgegessen. Ananas sind größer als die in Deutschland erhältlichen und haben eine erfrischende, säuerliche Note. Die grünen Orangen isst man nicht in Stücken, sondern beißt in ein Achtel und saugt den Saft aus.

Einmal zumindest sollten Sie traditionell tansanisch essen. Im Mittelpunkt eines solchen Mahls steht die Sättigungsbeilage, entweder *Ugali* oder Reis. Je nach Geldbeutel gibt es dazu einen Eintopf aus Fisch, Huhn, Ziege oder Schaf oder aber schlicht Bohnen. *Mishkaki* sind Fleischspießchen, die am Straßenrand auf Holzkohle gegrillt werden. Auch Kochbananen und Maiskolben werden auf diese Weise zu bereitet. Andere beliebte Snacks sind *Sambusas* (auch *Samosas* genannt), frittierte Teigtaschen, die mit Spinat, Fleisch oder Fisch gefüllt sein können. Dazu gibt es auf Wunsch die scharfe Kachumbari-Sauce.

Wenn die Sonne untergeht, ist das in Tansania Anlass für einen *Sundowner* (einen Dämmerschoppen), etwa ein lokales Bier: Safari und Kilimanjaro oder das kenianische Tusker werden in Halbliterflaschen serviert. Auch Guinness und das südafrikanische Pilsner werden praktisch überall verkauft. Tansanier trinken ihr Bier gerne warm: Wer ein kaltes Bier möchte, sollte bei der Bestellung *baridi* (kalt) dazu sagen. Wein wird meist aus Südafrika importiert und ist sehr teuer. Liebhaber von Cocktails haben die Wahl: wo es Touristen gibt, werden auch Mixgetränke serviert. Tansanier greifen gerne zu Whisky (Vorsicht vor den lokalen Sorten, von denen die berüchtigsten in Plastikbeuteln verkauft werden) oder Gin Tonic. Wasser sollten Sie nur aus Flaschen, nie aus der Leitung trinken. Ein Drink der besonderen Art: Mit einer Machete wird die Spitze einer grünen Kokosnuss gekappt, damit man die durchsichtige und sehr **INSIDER TIPP** erfrischende Kokosmilch trinken kann. Danach schabt der Verkäufer für Sie mit einem Stück Schale das junge Kokosfleisch auf der Innenseite ab, das Sie zum Schluss Stück für Stück verzehren.

Aufgetischt: eine Schale tansanischen Bohneneintopfs

Um Magenprobleme zu vermeiden, gilt auch in Tansania die goldene Tropen-Regel: Gekocht muss das Essen sein, gegart oder geschält – andernfalls sollte man die Finger davon lassen. Vor allem lauwarme Hotelbuffets mit lange warmgehaltenem Essen sind Bakterienherde. Ein bisschen Bauchgrummeln, weil Gewürze und Gerichte anders sind, ist dagegen gerade in den ersten Tagen oft die Regel. Da hilft es, sich auf die Sättigungsbeilagen zu konzentrieren. Gerade Reis und *Ugali* wirken oft Wunder.

EINKAUFEN

Souvenirs gehören zum Urlaub – dafür sorgen schon die Verkäufer, die überall dort zu finden sind, wo es Touristen gibt. Dabei gilt: Feilschen Sie um jeden Preis! Vor allem auf der Straße (auf Sansibar auch in den Läden) ist das üblich. Das Startangebot ist oft um ein Vielfaches höher als die Summe, auf die Sie sich zum Schluss einigen können. Nennen Sie als Antwort einen viel zu niedrigen Preis, und langsam werden Sie sich aufeinander zubewegen. Haben Sie einem Preis einmal zugestimmt, ist der Handel abgeschlossen – nachverhandeln geht nicht.

KLEIDUNG

Kangas – farbenfrohe Gewänder aus dünner Baumwolle, die Standardkleidung an der Küste – sind ein Stück gewebter Poesie. So werden Neugeborene in Kangas gewickelt, auf denen *titi la mama ni tamu* steht: Mamas Milch ist die beste. Freundinnen tragen den Kanga, der traditionell in zwei identischen Teilen verkauft wird, als Beweis ihrer Freundschaft. Wer sich einen Kanga zulegen will (Kosten: zwei bis drei Euro), sollte sich unbedingt zeigen lassen, wie er gebunden wird – angeblich gibt es mehr als 100 Arten.

KULINARISCHES

Geschmackvolle Souvenirs sind Cashewkerne oder tansanischer Kaffee, der vor allem in den Anbaugebieten im Hochland verkauft wird. Ein gutes Mitbringsel sind auch exotische Gewürze, die Sie am besten dort kaufen, wo es die Einheimischen tun: auf den Märkten. Riechen und probieren Sie ruhig, um die Frische sicherzustellen. So machen es die Tansanier auch.

KUNST

Überall im Land bekommt man die mit Fahrradlacken gemalten Tierbilder in der Tradition von Eduardo Tingatinga. Der 1936 geborene Künstler hatte sich eigentlich nur ein paar Schillinge verdienen wollen, als er in den 1960ern begann, für Touristen Bilder zu malen. Deren Erfolg machte ihn über die Grenzen Tansanias hinaus bekannt. Nach dem Tod Tingatingas 1972 entwickelten Schüler und Verwandte den Stil fort. Weil die Originalbilder auf 60 cm² großen Flächen entstanden sind, heißt das Genre auch Quadratkunst. Gute Adressen für Tingatinga-Malerei sind in Dar die *Künstlerkooperative* und der *Msasani Slipway Weekend Craft Market*

Kaffee, Kangas, Boa-Spiele und Quadratbilder: Mitbringsel aus Tansania sind so vielfältig wie das Land selbst

(Sa/So | Halbinsel Msansani) sowie die Straßenverkäufer entlang der Hurumzi Road in Sansibars Stone Town. Moderne Bilder und Skulpturen von tansanischen Künstlern bekommen Sie vor allem in Daressalaam: etwa in der *Mawazo Gallery (s. Daressalaam, S. 68)*. Zu den ganz besonderen Mitbringseln gehört Tansanit, der leuchtend blaue Edelstein, der in nur einer einzigen Mine bei Arusha gefördert wird – unbedingt nur in etablierten, verlässlichen Boutiquen kaufen *(s. Kasten Tansanit, S. 59)*.

KUNSTHANDWERK

Holzschnitzereien gibt es in jeder Größe und Form. Die Stücke aus schwarzem Holz leiten sich aus der Tradition der Makonde her, die im Südosten Tansanias leben. Von dort kommt heute noch echte Makonde-Kunst aus afrikanischem Ebenholz *(mpingo)*, die mehrere Tausend Euro kosten kann. Die als Souvenir erhältlichen Stücke kosten hingegen einen Bruchteil.

Schatullen und andere Schnitzereien aus Speckstein *(soap stone)*, die sehr günstig und hübsch anzusehen sind, kommen aus Kenia. Farbenfrohes Flechtwerk aus Perlen gibt es von den Massai als Schlüsselanhänger, Ketten und Ähnliches.

SPIELZEUG

Ein Souvenir, mit dem auch die Einheimischen spielen, ist das **INSIDER TIPP** Bao-Spiel. Auf Sansibar werden mit dem aufklappbaren Brett (Samenkörner dienen als Spielsteine) richtige Meisterschaften durchgeführt. Zu kaufen gibt es das Spiel überall in Sansibar-Stadt. Vergessen Sie nicht die Regeln einzufordern – oder Sie lesen im Internet nach unter *www.bleyenberg.de/afrikanische_spiele*.
Typisch afrikanisch sind auch die aus alten Blechdosen und Drähten zusammengebauten Spielzeugautos und -flugzeuge, mit denen auch tansanische Kinder spielen. Jedes einzelne Spielzeug ist mit Sicherheit ein Einzelstück.

DIE PERFEKTE ROUTE

PALMEN, SAND UND SANFTE WELLEN

Lassen Sie allen Stress hinter sich am einsamen Traumstrand von **①** *Chole Bay* → S. 85 auf Mafia Island oder auf der Ökoinsel **②** *Chumbe Island* → S. 84. Von hier setzen Sie mit dem Boot nach **③** *Stone Town* → S. 78 über, der exotischen Inselhauptstadt Sansibars, wo die engen Gassen, Paläste und kunstvoll verzierten Portale den Charme von 1001 Nacht versprühen. Partyhungrige sollten unbedingt einen Abstecher in den Norden der Insel nach **④** *Nungwi* → S. 86 (Foto o.) einplanen, wo an den Stränden manche Nacht zum Tag gemacht wird.

ZWISCHEN ZUKUNFT UND GESCHICHTE

Mit der Fähre oder dem Flugzeug geht es in Tansanias pulsierende Metropole **⑤** *Daressalaam* → S. 67. Ab hier können Sie die Route mit dem Mietwagen (gibt es mit oder ohne Fahrer) oder einer Kombination aus Bus, Flugzeug, Taxi und organisierter Safari zurücklegen. In Dar ist Tansania so jung, so alternativ, so lebendig wie nirgendwo sonst. Voller Geschichte steckt dagegen **⑥** *Bagamoyo* → S. 64, einst ein bedeutender Sklavenhafen und später Hauptstadt Deutsch-Ostafrikas. Der Abstecher lässt sich mit dem Auto gut in einem Tag bewältigen. An Kipepeo Beach, Dars angesagtestem Strand, kann man dem Meer gepflegt Lebewohl sagen.

ZU AFRIKAS HÖCHSTEM BERG

Die Straße von Daressalaam ins Landesinnere führt vorbei an den Usambara-Bergen bis nach **⑦** *Moshi* → S. 62, dem Zentrum des Kaffeeanbaus am Fuß des **⑧** *Kilimandscharo* → S. 58. Wer Afrikas höchsten Berg besteigen möchte, findet hier die größte Auswahl an Tourveranstaltern und kundigen Führern. Nicht nur für Gipfelstürmer, auch für Wanderlustige gibt es viele Angebote – und schon allein der Anblick des majestätischen, schneebedeckten Gipfels lohnt den Zwischenstopp.

IN DIE WILDNIS

Im Schatten von Kilimandscharo und Mount Meru liegt der **⑨** *Arusha Nationalpark* → S. 57. *Serengeti ndogo*, kleine Serengeti, wird der Park auch genannt, weil er auf engstem Raum eine unglaubliche Vielfalt an Landschaften und Tierarten versammelt. Das nahe **⑩** *Arusha* → S. 52 ist Tansanias drittgrößte Stadt und das Zentrum der Safari-Veranstalter: was man hier nicht buchen

kann, gibt es nicht. Westlich von Arusha beginnt die Wildnis. Der ⑪ *Lake Manyara* → S. 34 ist ein Paradies für Vogelliebhaber. Nur hier gibt es außerdem Löwen zu sehen, die auf Bäume klettern.

IM RIESENKRATER

Nicht einmal zwei Autostunden entfernt erhebt sich imposant ein erloschener Vulkan aus der Ebene. Durch den Talkessel des ⑫ *Ngorongoro* → S. 39 (Foto u.) ziehen Elefanten, Löwen, Leoparden und vieles mehr. Nirgendwo sonst in Afrika leben so viele Tiere auf so engem Raum. Die nahe ⑬ *Olduvai-Schlucht* → S. 40 gilt als eine Wiege der Menschheit: drei Millionen Jahre alt sind die Fossilien unserer Vorfahren, die Archäologen hier gefunden haben. Ein Museum dokumentiert die Ausgrabungen.

DURCH DIE SAVANNE BIS ZUM SEE

Die ⑭ *Serengeti* → S. 44, eine Savanne von der Größe Schleswig-Holsteins, ist zweifellos Afrikas berühmtester Nationalpark. Alleine 1,5 Millionen Gnus, 350 000 Gazellen und 200 000 Zebras durchwandern die weite Ebene. Die jährliche Migration in die nördlich anschließende Massai Mara und wieder zurück ist ein unvergessliches Spektakel. Weiter westlich wird die Vegetation dichter, Wälder und Hügel lockern die Landschaft auf. Wer den westlichen Korridor bis zu seinem Ende folgt, erreicht bei ⑮ *Mwanza* → S. 37 Tansanias andere Küste am Viktoriasee, dem größten Binnengewässer Afrikas.

1900 km. Reine Fahrzeit 23 Stunden. Empfohlene Reisedauer: min. 10 Tage Detaillierter Routenverlauf auf dem hinteren Umschlag, im Reiseatlas sowie in der Faltkarte

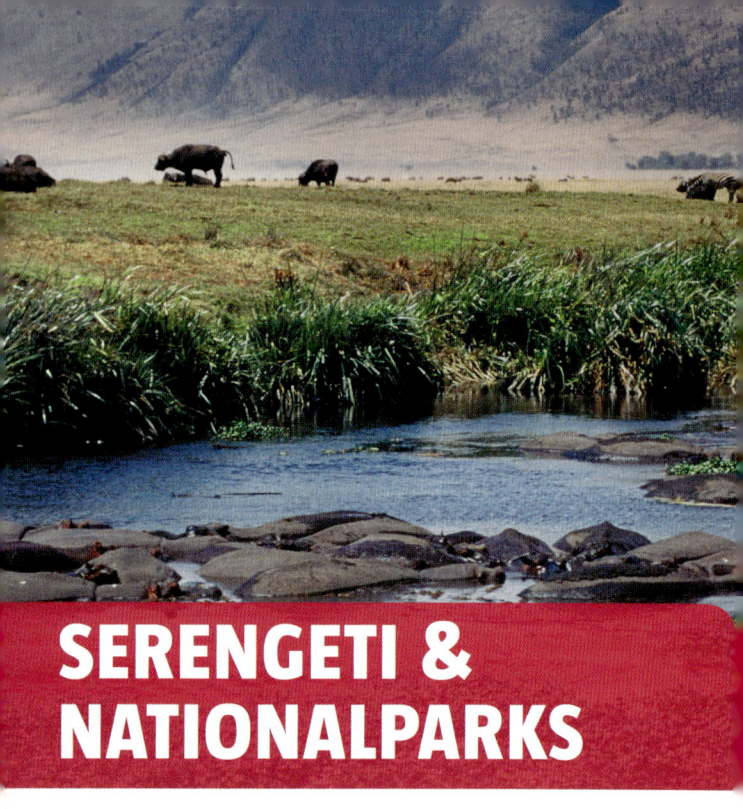

SERENGETI & NATIONALPARKS

Löwen gähnen unter weiten Schirm-akazien, Geparden setzen in langen Sätzen ihrer Beute nach, Krokodile warten Baumstämmen gleich im seichten Wasser auf unachtsame Tiere an der Tränke: Tansanias Nationalparks sind eine Wunderwelt, in der das weite Land, vielfältigste Szenerien und das ganze Kaleidoskop der Natur zu einer traumgleichen Melange verschmelzen.

Das wohl berümteste Naturschauspiel der Welt ereignet sich im Norden Tansanias. In einem immer wiederkehrenden Zyklus durchwandern Hunderttausende von Tieren die Savanne. Schauplatz dieses Spektakels ist die Serengeti, jener riesige Nationalpark, der sich bis nach Süd-Kenia erstreckt. Die Serengeti ist der Inbegriff des afrikanischen Nationalparks

– und doch nicht das einzige Highlight auf einer Tour auf dem so genannten Northern Circuit, der Rundtour durch die Parks im Norden.

Im Southern Circuit, wo sich die Tierwelt des östlichen und des südlichen Afrikas begegnen, liegen die wenig besuchten Parks, in denen die Wildnis dem Besucher oft noch ganz allein gehört.

Fast so berühmt wie die Serengeti ist der Riesenkrater Ngorongoro, ein Amphitheater der Natur, wo auf engstem Raum 30 000 Tiere zusammen leben, darunter die gesamten Big Five.

Zu den unbekannteren, aber dennoch sehenswerten Zielen im Norden gehört der Lake Natron, an dessen Ufern Scharen von Flamingos leben. Oder die Olduvai-Schlucht nordwestlich von Ngorongoro:

Bild: Tierherden im Ngorongoro Krater

Weite Savannen und brüllende Löwen: Eine Safari in Tansanias Nationalparks ist die Krönung eines jeden Tansaniaurlaubs

Sie ist eine der bekanntesten archäologischen Fundstätten des afrikanischen Kontinents. Ein Erlebnis ist der Nationalpark von Tarangire – wegen seiner massigen Affenbrotbäume (Baobabs) und der großen Elefantenherden auch „Land der Riesen" genannt.

Spektakulär ist ein Besuch des Great Rift Valley, des Großen Afrikanischen Grabenbruchs: Diese geologische Bruchzone hat (nicht nur) die afrikanische Erdoberfläche großflächig geformt. Seit 30 Mio. Jahren bewegen sich durch den Grabenbruch zwei Landmassen auf einer Strecke von 6000 km auseinander. In Tansania sind dadurch u. a. zahlreiche Vulkane und alkalische Seen entstanden. Die Steilwände des ostafrikanischen Grabenbruchs lassen sich vom Ngorongoro im Norden bis zum Ruaha-Park im Süden bewundern. Der Blick vom zentralen Hochplateau der Serengeti hinunter in die bis zu 1500 m tiefer gelegene Schlucht des Manyarasees raubt einem schlicht den Atem. Eine Tour durch die Nationalparks des Nordens organisieren Sie innerhalb von

Tansania am besten von Arusha aus. Bester Ausgangspunkt für Touren in die südlichen Parks ist Daressalaam. Denken Sie bei der Planung auch an warme Kleidung: Die meisten Nationalparks liegen gut tausend Meter über dem Meer – abends oder bei morgendlichen Jeepfahrten ist es hier oft überraschend frisch.

befindet sich zwischen Arusha und dem Ngorongoro-Krater. Viele Safariveranstalter machen hier einen Zwischenstopp. Zwei Drittel des Parks nimmt der See ein – für Vogelkundler ist das Areal ein Paradies: 380 verschiedene Arten hat man hier gezählt, darunter Reiher, Pelikane, Ibisse, Nilgänse und Störche. Am südli-

Ach, wie schön ist ein Nickerchen auf Akazien: schlafende Baumlöwen am Lake Manyara

LAKE MANYARA

(128 A2) (🗺 F–G3) Eine malerischere Lage kann man sich kaum vorstellen: Der Nationalpark liegt dramatisch am Fuß eines 600 m höher aufragenden Plateaus.

Auf engstem Raum (der Park ist gerade mal 330 km² groß) drängt sich eine erstaunliche Vielfalt an Ökosystemen und Tierarten. Der Lake Manyara liegt günstig und wird deshalb häufig besucht: Er

chen Ende des Parks, wo sich mehrere heiße Quellen befinden, landen immer wieder Flamingoschwärme.

Bekannt gemacht haben den Park aber seine Löwen. Die Großkatzen klettern wie Leoparden auf die Akazien, um dort in luftiger Höhe zu schlafen – ein völlig atypisches Verhalten, die Gründe dafür sind bis heute nicht geklärt. Biologen vermuten, dass die Löwen sich auf den Bäumen vor Tsetsefliegen in Sicherheit bringen. Im Park lebt auch eine große Elefantenpopulation: Die dichte Vegetation am Lake Manyara ist für sie ein Festessen. Im Gegensatz zu den Löwen, die in den vergangenen Jahren seltener gesichtet werden, ist die Zahl der Elefanten stabil. Beim *game drive* – der Safarifahrt im Geländewagen – werden Sie mit Sicherheit welche entdecken. *Eintritt pro Tag 35 US$*

ÜBERNACHTEN

MANYARA SERENA LODGE ☼
In die Natur eingepasste Chalets oberhalb des Sees am Rand des Grabenbruchs, dazwischen schlängelt sich ein Flüsschen. Phantastischer Blick auf den See und den ostafrikanischen Teil des Grabenbruchs. Für Abenteuerlustige werden u. a. Abseilen und Mountainbiking angeboten. *54 Zi. | Tel. 027 2 53 91 60 | www.serenahotels.com | €€€*

MIGUNGA FOREST TENTED CAMP
Rustikale Lodge mit gemütlichem Flair, gut 2 km vom Dorf Mto wa Mbu entfernt. In der Regenzeit grenzt das Camp an den See, in der Trockenzeit ist das Ufer mehrere Kilometer weit weg. Oft ziehen Antilopen oder Büffel durchs Camp. *12 Zi. | Tel. 027 2 50 63 15, mobil 0754 32 41 93 | www.moivaro.com | €*

LAKE NATRON

(128 A–B 1) *(⌖ G2)* **Im äußersten Norden, nahe der kenianischen Grenze, glitzert in der Sonne der Natronsee. Das stark alkalische Gewässer ist bekannt wegen der großen Scharen an Flamingos, die an seinen Ufern nisten.**
Der flache See selbst ist starken Schwankungen unterworfen. Während und nach der Regenzeit wächst er auf über 1000 km^2 an, schrumpft aber in regenarmen Monaten bis auf wenige Quadratkilometer zusammen. Zurück bleiben dicke Salzkrusten. Durch Algen verfärbt sich das verbliebene Wasser zwischen diesen Sodaschichten purpurrot – ein faszinierendes Naturschauspiel.

Die ausgedörrte und sonnenverbrannte Landschaft rund um den See gehört zu den weltweit größten Brutstätten für Zwergflamingos, die ihren Nachwuchs hier ohne Angst vor Fressfeinden aufziehen können. Bis zu 2,5 Mio. der rosaroten Tiere bevölkern den Lake Natron zur Brutzeit zwischen August und Oktober. Wer die **INSIDER TIPP ▶** Tiere beobachten will: Von der kleinen Ortschaft *Ngare Sero* aus sind es etwa 5 km bis zu einem Parkplatz, von dem mehrere Wanderwege zum Seeufer und zu heißen Quellen führen. Örtliche Fahrer kennen zudem viele Geheimwege und wissen auch, wo der sichere Boden der brüchigen Seeoberfläche weicht. Fragen Sie in Ngare

Sero oder im Lake Natron Camp nach geeigneten Führern. Die Preise sind Verhandlungssache. *Gebühr (Conservancy Fee): 15 US$.*

SEHENSWERTES

NGARE-SERO-WASSERFALL ●

Versteckt in einer Schlucht, gut eine Stunde Fußmarsch vom in Ngare Sero ausgeschilderten Campingplatz entfernt, schießt ein Fluss in einem schillernden Wasserfall vom kenianischen Nguruman-Plateau herab. Am Fuß des Wasserfalls befindet sich ein kleiner Pool, in dem Sie schwimmen können. Der Weg zum Wasserfall geht über Stock und Stein, die Wanderung ist nur mit einem einheimischen Führer (über Lake Natron Camp), viel Trinkwasser und angemessener Kondition zu empfehlen.

INSIDER TIPP ▸ OL DOINYO LENGAI

Von allen Vulkanen entlang des Großen Afrikanischen Grabenbruchs im Kraterhochland ist der Ol Doinyo Lengai (2878 m) der einzige noch aktive. Den Massai gilt der imposant aufragende Berg als heilig – in ihrer Sprache bedeutet sein Name „Berg der Götter". Bricht der Ol Doinyo Lengai aus, symbolisiert das für die Massai den Zorn der Götter. Tatsächlich dampft der Vulkan immer noch, letzte heftige Eruptionen gab es im Jahr 2008. Wer die besondere Herausforderung sucht, bucht sich einen Führer und erklimmt den Gottesberg *(s. Sport & Aktivitäten, S. 100).*

ÜBERNACHTEN

INSIDER TIPP ▸ LAKE NATRON CAMP

Luxuszelte mit eigenem Bad in einer spektakulären Umgebung am Fluss von Ngare Sero, ein paar Kilometer vom südlichen Seeufer entfernt. Außer einem erfrischenden Pool und der Aussicht auf die umliegenden Vulkane bietet das Camp viele Ausflugsmöglichkeiten zum See und um ihn herum, auch mehrtägig.

Flamingo Road: Hunderttausende der rosaroten Vögel bevölkern den Lake Natron

Die holländischen Besitzer haben sich zudem so gut wie niemand sonst auf die Besteigung des Ol Doinyo Lengai spezialisiert. *9 Zelte | Tel. 027 2 50 63 15 | www. moivaro.com | €€€*

MWANZA

(127 D2) (_M E2_) Tansanias zweitgrößte Stadt liegt nicht weit vom westlichen Ende der Serengeti entfernt und ist das Tor zu Afrikas größtem Binnenmeer, dem Viktoriasee.

Im Herzen ist Mwanza (500 000 Ew.) eine Industrie- und Handelsstadt. Im größten Binnenhafen Tansanias wird verschifft, was rund um den Viktoriasee gefangen und angebaut wird. In den Fabriken werden Nilbarsche filetiert und nach Europa geflogen. Neben der Fischindustrie lebt die Stadt von der Baumwoll- und Textilproduktion sowie von der Seifenherstellung. Im Stadtzentrum haben die Wirtschaftsbeziehungen bis nach Indien ihre Spuren

hinterlassen: Hier stehen zahlreiche Moscheen und Hindutempel. Vor allem die Region um die Temple Street lohnt den Besuch.

BISMARCK ROCK
Mwanzas Wahrzeichen ist ein gewaltiger Granitblock, der mitten im Hafenbecken nahe dem Kamanga-Fährterminal aufrecht auf einer Gruppe von Felsen steht. Nach Fürst Otto von Bismarck benannt wurde der Fels zu deutschen Kolonialzeiten – angeblich, weil er genauso unerschütterlich war wie der Kanzler des Deutschen Reichs. Im Licht des Sonnenuntergangs ein besonders schöner Anblick, vor allem im nahen Rock Beach Garden Hotel. *Post Street*

BUJORA SUKUMA MUSEUM
In diesem Museumsdorf werden Architektur, Kultur und der Alltag der Sukuma, Tansanias größter Bevölkerungsgruppe, vorgestellt. Am Wochenende finden hier Schlangentänze statt. *Mo–Sa 8–18, So 13–18 Uhr | Eintritt 8000 TSh | 20 km vom Stadtzentrum entfernt an der Hauptstraße nach Musoma*

KIRUMBA-HAFEN
Nordöstlich des Zentrums liegt der Hafen von Kirumba, wo Fischer bei Sonnenaufgang mit ihren traditionellen *Dhows* (Segelbooten) aufbrechen und ab Mittag zurückkehren, um ihren Fang zu verkaufen. Auch die Werft von Mwanza befindet sich hier, deshalb liegen immer malerische Fischerboote an Land. *Makongoro Road*

INSIDER TIPP SZECHWAN MAHAL
So gute indische und chinesische Gerichte gibt es in Tansania kaum ein zweites

Mal. Die große Auswahl ist eine willkommene Abwechslung zu der Safariküche in den Parks. *Tgl. | Kenyatta Street | €*

AM ABEND

HOTEL LA KAIRO

In der Hoteldisko tanzen am Wochenende die Einheimischen bis in die frühen Morgenstunden. Unbedingt ein Taxi neh-

Im Rubondo Island Camp

men (ca. 3000 Schillinge)! *Makongoro Road | Kirumba*

ÜBERNACHTEN

TILAPIA HOTEL

Übernachten mit Blick auf den Viktoriasee, 1 km außerhalb des Zentrums. Die Zimmer sind gemütlich eingerichtet – wer will, kann auch auf dem Hausboot übernachten. Filmfans dürfen hier auch einfach mal reinschauen: das Boot ist angeblich das Original-Dampfschiff aus dem Film „African Queen" mit Humphrey Bogart und Katharine Hepburn, der in den 1950ern in Uganda gedreht wurde. Die vier angeschlossenen Restaurants gehören zu den besten der Stadt. *40 Zi. | Capri Point/Station Road | Tel. 028 2 50 05 17 | www.hoteltilapia.com | €*

WAG HILL LODGE

Die romantische Edellodge liegt in einem Waldstück am Westufer des Golfs von Mwanza. Die drei Chalets haben Wald- und Seeblick, am Abend sieht man am Lagerfeuer auf die Lichter der Stadt hinab. Zu erreichen ist die Lodge nur per Boot von Mwanzas Yachtclub aus. *3 Zi. | Tel. 028 2 50 24 45, mobil 0767 99 12 45 | www.waghill.com | €€€*

ZIEL IN DER UMGEBUNG

INSIDER TIPP ▶ RUBONDO ISLAND
(127 C2) (*D2*)

Die Insel, die gut 200 km westlich von Mwanza im Viktoriasee liegt, ist einer der am wenigsten besuchten Nationalparks Tansanias. Dabei ist das Eiland ein Traumziel für Vogel- und Schmetterlingsliebhaber, Wanderer und Sportfischer – und jeden, der ein Abenteuer abseits der großen Touristenrouten sucht. Rubondo selbst ist vor allem von dichtem Tropenwald bedeckt, dazwischen erstrecken sich Sumpf und Savanne.

In den 1970ern war Rubondo Schauplatz eines zoologischen Experiments: Auf Initiative von Bernhard Grzimek wurden diverse Tierarten ausgesetzt, unter ihnen Nashörner und Elefanten. Umstritten war die Aussiedlung von 17 Zoo- und Zirkusschimpansen. Zwei Schimpansen mussten wegen Aggressivität gegenüber Menschen später erschossen werden, die Nachkommen der anderen aber haben überlebt und können heute mit einem Ranger im nördlichen Teil der Insel gesucht werden.

Ein Charterflug für vier Personen ab Mwanza kostet rund 500 Dollar. Am meisten lohnt sich ein Besuch in der Trockenzeit (Januar und Februar oder Juni bis September). *Eintritt pro Tag 20 US$*

Das einzige Camp auf der Insel besteht aus luxuriösen *Bandas* (Häuser im landestypischen Stil) in traumhafter Lage: Im Hintergrund ragen die Wipfel des Waldes auf, vor der Veranda erstreckt sich ein weißer, palmenbestandener Strand, an dem am frühen Morgen Wasservögel rasten. Es werden Exkursionen auf und um die Insel angeboten. *Rubondo Island Camp | 10 Zi. | Tel. 027 2508790, mobil 0754 574112 | www.africanconservancycompany.com/rubondo.htm | €€€*

NGORONGORO CONSERVATION AREA

(127 F2–3) *(ᨖ F–G 2–3)* ⭐ **Nirgendwo sonst in Afrika leben so viele Tiere auf so engem Raum wie im Krater des erloschenen Ngorongoro-Vulkans, dem größten der Riesenkrater am östlichen Rand der Serengeti.**

Das Wort Riesenkrater ist wörtlich zu nehmen: Ganz Berlin hätte darin Platz. Wenn man beim Sonnenuntergang am Kraterrand hinunterschaut in den blutrot eingefärbten Kessel, sehen ganze Tierherden aus wie eine Gruppe von Ameisen.

Der 600 m tiefe Krater ist Teil eines weitaus größeren Schutzgebiets: Die gesamte *Ngorongoro Conservation Area* umfasst eine Zone von 8300 km² (der berühmte Krater selbst misst 300 km²). Ngorongoro ist ein einzigartiger Zusammenschluss verschiedener Ökosysteme. Wüstenartige Savannen treffen hier auf immergrüne Bergwälder, es gibt nährstoffarme Heidelandschaften und fruchtbare, mit Seen und Sümpfen gespickte Kraterböden. Und es gibt archäologische Fundorte wie die Olduvai-Schlucht, die darauf verweisen, dass dieser Landstrich über Jahrmillionen von unseren Vorfahren besiedelt wurde.

Das Ngorongoro-Schutzgebiet ist von Arusha aus in drei bis vier Stunden über eine der besten Straßen des Landes zu erreichen. Die autobahnähnliche Schnellstraße führt bis zum Parkeingang. Der Besuch des Kraters ist meist Bestandteil einer gebuchten Serengeti-Safari. Wenn Sie über Nacht bleiben, sollten Sie in einer der Lodges am Kraterrand übernachten und ein Zimmer mit Blick in den Krater verlangen – der Ausblick bei Sonnenaufgang ist sensationell!

Eintritt pro Tag 50 US$, plus eine Gebühr von 200 US$ pro Wagen und 6 Std.

SEHENSWERTES

NGORONGORO-KRATER

Wer den Boden des Kraters erreicht, begreift, warum Ngorongoro auch als „Achtes Weltwunder" oder „Arche Noah" bezeichnet wird: Hier unten leben 25000 bis 30000 Tiere in einem einzigartigen Refugium. Der Krater birgt eine ungeheure Artenvielfalt, geschützt vor der Außenwelt von der steil aufragenden Kraterwand.

Ngorongoro wurde vor 2,5 Mio. Jahren bei einem gewaltigen Vulkanausbruch gebildet und misst im Durchmesser rund 20 km. Im Inneren befindet sich der *Lake Magadi*, auf dem sich in der Trockenzeit

Flamingos und zahlreiche andere Vogelarten sammeln. Im *Lerai Forest* leben Wasserböcke und Elefanten. Die größte Attraktion des Kraters sind jedoch die Raubkatzen: Löwen und Geparden gibt es hier unten wahrhaft in Massen, ebenso wie die Safari bereits vor der Anreise bei Ihrem Veranstalter buchen.

OLDUVAI-SCHLUCHT

Hier hat der Mensch den aufrechten Gang gelernt: In der Schlucht zwischen

Ein junger Massai im Kraterhochland – dahinter erhebt sich der Ol Doinyo Lengai

so wie Hyänen und Schakale. Selbst die fast ausgestorbenen Nashörner, manchmal sogar in Gruppen, sind im Krater mit etwas Glück zu sehen.

Um dieses Naturwunder zu sehen, unternehmen jedes Jahr Hunderttausende eine Kratersafari. Es lohnt sich deshalb, früh aufzustehen. Am besten, Sie überreden Ihren Fahrer und Ihre Mitreisenden, **INSIDER TIPP** bereits um 6 Uhr loszufahren. Dann erleben Sie die Zeit kurz nach Sonnenaufgang, haben besseres Licht zum Fotografieren, können rechtzeitig vor der Mittagshitze wieder oben sein – und haben den Krater (fast) ganz für sich. Achtung: Wenn Sie nicht individuell mit dem eigenen Auto unterwegs sind, müssen

Ngorongoro und Serengeti stießen Archäologen im 20. Jh. auf hominide (menschenartige) Fossilien, die über 3 Mio. Jahre alt sind. Der berühmteste Fund ist der 1,8 Mio. Jahre alte, affenähnliche Schädel des *Australopithecus boisei,* wegen seines massiven Unterkiefers auch kurz der *Nussknackermensch* genannt. Die Paläontologin Mary Leakey entdeckte den Schädel 1959. 1978 gelang der Forscherin eine weitere Sensation: Sie fand 3,7 Mio. Jahre alte Fußabdrücke von Hominiden, die offensichtlich aufrecht über frische Vulkanasche gelaufen waren. Die Abdrücke härteten in der Sonne aus, wurden von nachfolgendem Ascheregen überdeckt und blieben so bis heute erhalten.

Die Ausgrabungen dokumentiert ein exzellentes *Museum (tgl. 8–14.30 Uhr | Eintritt 3000 TSh | Tel. 027 2 53 70 37, mobil 0784 32 62 74)*. Zu sehen sind dort allerdings nicht die Originalfunde, sondern Gipsimitate. Die 50 km lange Olduvai-Schlucht können Sie nur in Begleitung eines Museumsmitarbeiters besichtigen. Vom ☀ Aussichtspunkt neben dem Museum haben Sie einen guten Blick auf die von Forschern freigelegten Gesteinsschichten.

INSIDERTIPP OLMOTI- UND EMPAKAAI-KRATER

Das Kraterhochland ist abgelegen und wird – mit Ausnahme des Ngorongoro – wenig besucht. Deshalb haben Sie die Krater Olmoti (3099 m) und Empakaai (3231 m) bei einem Ausflug fast ganz für sich. Der Empakaai ist die Heimat zahlreicher Antilopen, Wasservögel und Affen, an klaren Tagen sieht man von seinem Kraterrand aus den Ol Doinyo Lengai. Beim Fußmarsch auf den üppig grünen Olmoti entdecken Sie am Kraterrand einen kleinen Wasserfall. Vor beiden Kratern befinden sich Rangerposten. Die Straße dorthin erreichen Sie von der Ngorongoro Sopa Lodge. Von den Rangerposten aus müssen Sie – in Begleitung eines bewaffneten Wildhüters – laufen. Oder Sie buchen die Tour von Arusha aus bei einem Safariveranstalter.

ÜBERNACHTEN

NDUTU SAFARI LODGE

Die romantischen Bungalows mit Seeblick liegen jenseits des Ngorongoro-Schutzgebiets im äußersten Südosten der Serengeti, so dass man Eintritt für den Nationalpark zahlen muss. Die Lodge ist umgeben von Akazienwäldern: Auf der Durchreise, egal in welche Richtung, ist sie ein wunderschönes Etappenziel. Zwischen Februar und April ziehen Tierherden durch. *32 Zi. | Tel. 027 2 53 70 15, mobil 0736 50 10 45 | www.ndutu.com | €€*

NGORONGORO SERENA LODGE ☀

Architektonisch perfekt in den Kraterrand eingepasste Lodge aus Holz. Jedes Zimmer mit Balkon und Blick in den Krater. Die zahlreichen Aktivangebote, darunter Naturwanderungen, können auch Nichtgäste buchen. *75 Zi. | Tel. 027 2 50 40 58 | www.serenahotels.com | €€€*

NGORONGORO SOPA LODGE ☀

Lodge auf dem östlichen Kraterrand mit großzügigen Zimmern und eigener Zufahrtsstraße in den Krater. *96 Zi. | Tel. 027 2 50 06 30 | www.sopalodges.com | €€€*

RHINO LODGE

Jüngste und mit Abstand günstigste Lodge am östlichen Kraterrand mit 24 schlichten, modernen Zimmern. Nachteil: kein Kraterblick. *Tel. 0762 35 90 55 | www.ngorongoro.cc | €*

ZIEL IN DER UMGEBUNG

INSIDERTIPP KAFFEEFARM AM NGORONGORO (127 F3) (ᗯ F3)

Die fruchtbaren Böden rund um den Riesenkrater sind bestes Kaffeeanbaugebiet. In der *Plantation Lodge* können Sie in großzügigen, authentisch eingerichteten Zimmern übernachten und von dort aus die Kaffeefelder besuchen. Vom Garten blickt man direkt auf den Ngorongoro, bis zum Kraterrand sind es von diesem Anwesen direkt an der Hauptstraße zwischen Lake Manyara und Ngorongoro etwa 30 Minuten. *16 Zi. | Tel. 0784 26 07 99 | www.plantation-lodge.com | €€€*

RUAHA NATIONAL PARK

(131 E–F 2–3) *(◫ E–F 5–6)* `INSIDER TIPP`

Tansanias größter Nationalpark (der ebenfalls im Süden Tansanias liegende, noch größere Selous ist ein Reservat) ist ein Stück ursprünglicher Wildnis, das Besucher mit nur wenig anderen teilen müssen.

Selbst in der trockenen Hochsaison (Juni bis Oktober) verteilen sich hier kaum mehr als hundert Urlauber am Tag auf einer Fläche halb so groß wie die Schweiz. Nicht nur der in der Trockenzeit trocken fallende Ruaha-Fluss, auch das Rift Valley durchzieht den Park und verleiht ihm seine landschaftliche Einzigartigkeit. Der Südosten Ruahas, wo sich die meisten Lodges befinden, liegt auf etwa 900 m.

Die Flüsse in dieser von Savannen durchzogenen Ebene, über die malerisch knorrige Baobabs verteilt sind, werden gespeist aus den höher liegenden Parkregionen, die sich oberhalb des bis zu 200 m tief steil abfallenden Grabenbruchs erstrecken. Hier gibt es dichtere Wälder und Berge, die sich bis auf 1800 m erheben.

Die Vielfalt von Tier- und Pflanzenwelt in Ruaha ist riesig, unter anderem, weil hier Vegetation und Tierwelt des östlichen und südlichen Afrikas aufeinandertreffen. Biologen haben alleine 1650 Pflanzenarten und mehr als 500 Vogelspezies gezählt. In Ruaha leben 20 000 Elefanten, so viele wie in keinem anderen tansanischen Park. Sie teilen sich die Wildnis mit zahllosen Antilopenarten, die die Lebensgrundlage von Löwen, Leoparden, Geparden, Wildhunden und anderen Jägern sind. Das größte Erlebnis in Ruaha aber ist die Natur in ihrer ursprünglichen Einsamkeit. Hier kann leicht ein Tag ver-

BERNHARD GRZIMEK

Ohne ihn wäre die Serengeti wohl kein Nationalpark: Bernhard Grzimek, Verhaltensforscher und Direktor des Frankfurter Zoos, setzte sich mit Verve für die Serengeti ein. Seine oscarprämierte Dokumentation „Serengeti darf nicht sterben" machte die Steppe und ihre wandernden Herden weltberühmt und ermöglichte die Schutzzone der bedrohten Tierarten, den Nationalpark. Für Grzimek selbst endeten die Dreharbeiten tragisch: Sein Sohn Michael verunglückte bei einem Flugzeugabsturz tödlich. Er wurde am Rand des Ngorongoro-Kraters begraben; heute steht dort zum Gedenken eine Steinpyramide.

Vater Bernhard setzte nach dem Tod des Sohnes die gemeinsame Arbeit für den Schutz der Serengeti fort. Grzimeks persönliche Freundschaft zu Tansanias Gründungspräsident Julius Nyerere trug maßgeblich dazu bei, dass die Parkgrenzen nach ökologischen Kriterien festgelegt wurden. Außerdem besorgte er das nötige Geld: Die Frankfurter Zoologische Gesellschaft unterstützt die Serengeti bis heute – Grzimek war lange Präsident der Naturschutzorganisation. Als der Tierschützer 1987 starb, wurde seine Urne nach Tansania überführt. Bernhard Grzimek wurde neben seinem Sohn Michael beigesetzt.

Im Ruaha Nationalpark erfrischt sich ein Rudel Löwen an einer Pfütze

gehen, an dem man keinem anderen Besucher begegnet.

Die Anreise ist am einfachsten mit dem Flugzeug *(Flüge ab Arusha, Dar, Sansibar und Selous)* oder mit einer organisierten Safari. Von Arusha oder Dar muss man mit dem Auto einen vollen Tag *(10–12 Std.)* Fahrtzeit rechnen. *Parkeintritt 20 US$ pro Tag*

ÜBERNACHTEN

INSIDER TIPP ▸ JONGOMERO CAMP

Wunderschön gestaltetes Luxuscamp in einer besonders einsamen Ecke des Parks: die im kolonialen Safaristil eingerichteten, nach außen offenen Holzunterkünfte stehen auf Stelzen und überblicken den Jongomero-Fluss, nach dem das Camp benannt ist. Die einfallsreiche Safari-Küche beeindruckt auch Feinschmecker. *8 Zi. | Tel. 0784 95 35 51 | www.selous.com | €€€*

MSEMBE BANDAS

Die Selbstversorger-Bandas für zwei bis fünf Reisende sind die mit Abstand günstigste Unterkunft im Park und werden von der Nationalparkverwaltung unterhalten. Feuerholz und warmes Wasser wird zur Verfügung gestellt, Küchen sind vorhanden. *Buchung über Tanapa in Arusha | Tel. 027 2 50 34 71 | www.tanzaniaparks.com | €*

RUAHA RIVER LODGE

Urige Lodge direkt über dem Ruaha-Fluss, in dem Hippos, Krokodile und badende Elefanten beobachtet werden können. Die auf drei Camps verteilten Cottages aus Stein und Holz sind komfortabel und liegen mitten in der Natur. Die alt eingesessene Fox-Familie, der das Camp gehört, kennt Ruaha wie ihre Westentaschen und bietet auch sehr empfehlenswerte Safaris zu Fuß an. *28 Zi. | Tel. 0754 23 74 22 | www.tanzaniasafaris.info | €€€*

SERENGETI NATIONAL PARK

(127 E–F 1–2) (◫ E–F 2–3) ★ ● Die Serengeti ist der Inbegriff eines afrikanischen Nationalparks: Auf der Fläche Schleswig-Holsteins tummeln sich aktuellen Zählungen zufolge 1,5 Mio. Gnus, 350 000 Thompson-Gazellen und 200 000 Zebras.

Diese Masse ernährt zahlreiche Jagdtiere: 300 Löwen leben alleine auf dem *Seronera-Plateau*, dem gut besuchten Zentrum des Parks. Daneben gibt es viele Geparden und Hyänen. Die 1600 Elefanten gehen in der Weite fast unter. Selbst die von Wilderern nahezu ausgerotteten

Nashörner leben inzwischen wieder in der Serengeti, seit einzelne Tiere aus Südafrika von der Nationalparkverwaltung und der Frankfurter Zoologischen Gesellschaft wieder angesiedelt wurden. *Siringet* nennen die Massai den Park, in ihrer Sprache bedeutet das: endlose Ebene. Der deutsche Geologe Fritz Jäger schrieb 1911 nach Hause: „Ein Meer aus Gras, Gras und noch mal Gras. Man sieht sich um und sieht nichts als Gras und Himmel."

Fast 100 Jahre später hat sich nichts daran geändert. Im Süden des Parks erheben sich wie Inseln im Grasmeer die *Kopjes,* Inselberge aus Granit, die verwittert aus der Ebene ragen. Im Herzen der Serengeti, auf dem etwa 1500 m hoch gelegenen Seronera-Plateau, durchsetzen Schirmakazien die hügelige Savanne. Nur das Ufer des Seronera-Flusses ist von

Fotoshooting in der Serengeti: Die Guides wissen, wo die Geparden zu finden sind

dichtem Wald gesäumt. Im schattigen Wasser plantschen Nilpferde, aus den Wäldern drängen in der Dämmerung Elefanten zur Tränke.

Nach Norden hin ändert sich die Landschaft weiter: Das Gras weicht zunehmend Dornbuschsavannen und Akazienwäldern, durchbrochen von vielen saisonalen Flussläufen. Der Norden ist der wildeste und am wenigsten erschlossene Teil der Serengeti: Nur selten kommen Besucher hierher, und die vereinzelten Camps verlieren sich in der Weite des Landes westlich der *Lobo Hills,* welche die Parkgrenze markieren. Die von Hügeln und Wäldern durchzogene Ebene des westlichen Korridors schließlich, der sich von Seronera aus bis fast zum Ufer des Viktoriasees erstreckt, ist das Land der Büffel, Impalas und Giraffen.

Ein Besuch in der Serengeti lohnt sich zu jeder Jahreszeit, weil jeder Korridor seine eigene Saison hat, zu der die Tiere ihn durchwandern. Sie sollten so viel Zeit wie möglich einplanen, um den Artenreichtum und die Weite der Natur zu erleben. Rechnen Sie mit mindestens zwei Nächten an einem Ort; wollen Sie mehr vom Park sehen, entsprechend mehr. Fotosafaris in die Serengeti starten in der Regel von Arusha oder Moshi aus, die Anfahrt von Arusha dauert einen Tag. Sie können selbst einen Wagen mieten (mit oder ohne Fahrer), wesentlich einfacher – und wahrscheinlich billiger – ist allerdings eine organisierte Pauschaltour. Die meisten Veranstalter planen wegen der langen Anfahrt mindestens eine Nacht am Ngorongoro-Krater ein.

Die Verwaltung des Nationalparks (mit Informationszentrum) befindet sich auf dem Seronera-Plateau, nicht weit von der Seronera Wildlife Lodge entfernt. Das Plateau ist meist auch die Basis für kürzere Safaris und Rundfahrten durch den Park. Für eine Erkundungstour können Sie selbst einen Wagen mieten (ein Fahrer ist inbegriffen), wiederum einfacher und billiger ist auch hier eine organisierte Pauschaltour, die Sie schon von Europa aus oder vor Ort buchen können. *Eintritt pro Tag 50 US$ | www.serengeti.org*

SEHENSWERTES

FORT IKOMA

Das von der deutschen Kolonialarmee am Grumeti-Fluss errichtete Fort war einer der entlegensten Außenposten der deutschen Schutztruppen. Mit der Außenwelt konnten die Soldaten nur bei klarem Wetter kommunizieren: Mit Hilfe von Spiegeln gaben sie Lichtzeichen an den nächsten Posten weiter. Heute ist die Ruine dank des Klimas immer noch gut erhalten und ein malerischer Zwischenstopp auf dem Weg in den westlichen Korridor oder nach Norden. *Nördlich der Seronera Lodge*

INSIDER TIPP MORU KOPJES

Die Felsmalereien am Fuß der Moru Kopjes – einer Felsformation im Zentrum der Seregenti – sind hervorragend erhalten. Die Zeichnungen von Tieren und Waffen werden den Massai zugeschrieben, ihre genaue Geschichte aber ist unbekannt. Auf einem der anderen Kopjes befindet sich ein Gong aus Stein, der von den Vorfahren der Massai benutzt worden sein soll. Der Aufstieg ist steil, dauert aber nicht lange. *Eine Autostunde südlich der Seronera Lodge*

TIERWANDERUNG

Die *Great Migration* genannte Tierwanderung ist nicht weniger als ein Weltwunder. Wer einmal die rastlos dahinziehenden Massen von Gnus, Gazellen und Zebras gesehen und gespürt hat, wie unter ihren Hufen die Erde erbebt, wird das Erlebnis nie wieder vergessen. Die Herden sind gute Wanderer: Bis zu 50 km am Tag können Gnus mühelos zurücklegen. Abgesehen von den Mo-bieten der Süden der Serengeti und das Seronera-Plateau die spektakulärsten Sichtfenster, wenn die ganze Masse der Herden hier versammelt ist.

Mit Beginn der Trockenzeit Ende Mai zie-hen die Herden in riesigen Zügen zurück

Schöne Aussichten: Bei einer Ballonsafari können Sie die Tierherden von oben beobachten

naten August bis September, wenn sich die Herden in der nördlich gelegenen Massai Mara in Kenia aufhalten, sind die Tierwanderungen stets zu sehen: Sie müssen nur am richtigen Ort sein.

Ende Oktober, wenn neuer Regen in der Serengeti ansteht, ziehen die Herden durch den Norden des Parks zurück. Im Lauf des Dezembers erreichen sie den Süden des Schutzgebiets, wo zu diesem Zeitpunkt schon der erste Regen gefallen ist. Das jetzt sprießende junge Gras ist die Hauptnahrung der Gnus, die im Fe-bruar massenweise ihre Jungen zur Welt bringen; Zebras kalben gut einen Monat früher. In dieser Zeit (Dezember bis März)

Richtung Norden und passieren dabei den westlichen Korridor – zwischen Mai und Juli ist hier die beste Besuchszeit. Die eindrucksvollen Überquerungen des Mara-Flusses (die Tierkolonnen sind bis zu 40 km lang!) im äußersten Norden des Parks sind im Juli und August zu bestaunen. Erst wenn genug Tiere zu-sammengekommen sind, schieben sich die Massen in kollektiver Panik über den Fluss, viele Tiere werden totgetrampelt. Krokodile und andere Jäger genießen in dieser Zeit ein Festmahl.

Was genau die Tiere bei ihrer Wanderung antreibt, ist immer noch Gegenstand zoologischer Forschung. Fest scheint zu stehen, dass die Gnus bestimmten Grasarten folgen, die nur in der Regenzeit wachsen. Einen guten Überblick über die Migration gibt die von Hand gezeichnete Karte des Nationalparks (erhältlich in Arushas Buchläden). Je eine Seite ist der Serengeti in der Regen- und Trockenzeit gewidmet. Den aktuellen Stand der Wanderung erfahren Sie in den Unterkünften.

FREIZEIT & SPORT

BALLONSAFARI ★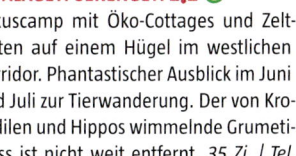

Es ist wie ein Blick direkt aus dem Himmel: am frühen Morgen über die Herden hinwegzuschweben, die Lautlosigkeit nur ab und zu vom Fauchen des Gasbrenners unterbrochen, das ist ein einmaliges Erlebnis. An klaren Tagen reicht der Blick vom Heißluftballon bis zum Ngorongoro-Krater. Abgerundet wird das Erlebnis von einem Champagnerfrühstück im Busch, neugierige Affen und andere tierische Besucher inklusive. Die Touren starten vor Sonnenaufgang an der Seronera-Lodge. Wer in der nahen Serena-Lodge wohnt, wird zum Startplatz gebracht. Im westlichen Korridor startet in der Hochsaison ein Ballon nahe des Grumeti Camps. *Serengeti Balloon Safaris | Tel. 027 2 54 89 67 | www.balloonsafaris.com | 499 US$ pro Person*

ÜBERNACHTEN

INSIDER TIPP LOBO WILDLIFE LODGE

Die Lodge mit der besten Lage im Norden des Parks liegt am Fuß der Lobo-Hügel. Zwischen August und November füllt sich die Gegend mit Gnus, aber auch im restlichen Jahr gibt es reichlich Tiere zu sehen. *75 Zi. | Tel. 027 2 54 45 95 | www.hotelsandlodges-tanzania.com | €€*

MBALAGETI SERENGETI

Luxuscamp mit Öko-Cottages und Zeltsuiten auf einem Hügel im westlichen Korridor. Phantastischer Ausblick im Juni und Juli zur Tierwanderung. Der von Krokodilen und Hippos wimmelnde Grumeti-Fluss ist nicht weit entfernt. *35 Zi. | Tel. 028 2 62 23 87 | www.mbalageti.com | €€€*

INSIDER TIPP SAYARI CAMP

Grandios gestaltetes Camp im Nordwesten der Serengeti. Die Besitzer bieten *flycamps* (mobile Camps) an, die den Tieren folgen. *8 Zelte | Tel. 0736 50 05 15 | www.asiliaafrica.com | €€€*

SERENGETI SERENA LODGE

Eine der schönsten großen Lodges der Serengeti: Ihre Rundhäuser liegen versteckt hinter Akazienwäldchen. Das Seronera-Plateau ist nur eine halbe Stunde Fahrt entfernt. *66 Zi. | Tel. 027 2 50 40 58 | www.serenahotels.com | €€€*

SERONERA WILDLIFE LODGE

Das Anfang der 1970er-Jahre gebaute, ehemalige Staatshotel ist zwar ein bisschen angestaubt, seine unschlagbare Lage mitten auf dem Seronera-Plateau spricht aber für die Lodge. Das Hotel ist um einen Kopje (Felskuppe) herumgebaut. Zur Bar muss man sich zwischen Felsen hindurchzwängen. *100 Zi. | Seronera Plateau | Tel. 027 2 54 45 95 | www. hotelsandlodges-tanzania.com | €€*

AUSKUNFT

Nicht weit von der Seronera-Lodge gibt es ein Touristcenter mit allgemeinen Parkinformationen und Souvenirs. Karten sind nur manchmal erhältlich – deshalb kaufen Sie diese besser schon in Arusha.

TARANGIRE NATIONAL PARK

(128 A–B 2–3) (ⓜ G3–4) ⭐ **Für viele Tansanier ist es der schönste Park ihrer**

Tarangire hat seine eigene Tierwanderung – die Größe der Herden, die zwischen August und November im Park zu sehen sind, wird tatsächlich nur von denen der Serengeti übertroffen. 3000 Elefanten, 25 000 Gnus und 30 000 Zebras sammeln sich in der Trockenzeit (von August bis Oktober) am Tarangire-Fluss und den Wasserlöchern der Umgebung. Nach

Eine Jeeptour – hier im Tarangire-Nationalpark – ist der Klassiker aller Fotosafaris

Heimat, und auch die meisten Urlauber sind von Tarangire überwältigt.

Dass der mitten im Great Rift Valley gelegene Park bis heute ein Geheimtipp ist, macht sicher einen beträchtlichen Teil seines Charmes aus. Weite Teile des 2600 km² großen Parks sind ungezähmte Wildnis. Abseits der Safaripfade und nahe der Lodges, die sich kurz hinter dem Parkeingang im Norden konzentrieren, erstrecken sich menschenleere Wälder und Sümpfe, in denen sich Nilpferde suhlen.

Beginn der Regenzeit ziehen die Tiere im Dezember über Lake Manyara weiter bis zum Amboseli-Nationalpark in Kenia, am Fuß des Kilimandscharo. In der Regenzeit verändert der Park sein Gesicht: Riesige Sümpfe entstehen dort, wo vorher ausgetrocknete Marschen waren. In dieser Zeit, in der alles blüht, können Sie in Tarangire Myriaden von Vögeln (500 Arten) und Schmetterlingen beobachten.

Land der Riesen wird Tarangire auch genannt, wegen der großen Elefantenherden und der riesigen Bäume – allen voran die Afrikanischen Affenbrotbäume (Baobabs). Schon hundert Jahre alte Exemplare haben oft einen Stammumfang von 10 m – und sie können bis zu 3000 Jahre alt werden. Der Baum hat sich perfekt auf seine Umwelt eingestellt: Das poröse Holz kann Hunderte Liter Wasser speichern, die den Baum während der langen Trockenzeit mit der nötigen Feuchtigkeit versorgen. Die riesigen Baobabs dienen vielen Tieren als Unterschlupf und ihre lang gezogenen Früchte werden von Naturvölkern als Kalebassen genutzt, die Kerne und das Fruchtfleisch werden gegessen. Die größten Vorkommen dieser Baumart finden Sie in Lemiyon im Norden des Parks. Das Eingangstor und der Parkhauptsitz liegen im Nordwesten, zusammen mit einem lohnenden Besucherzentrum. Von Arusha aus ist der Park mit dem Auto in knapp zwei Stunden erreicht. *Eintritt pro Tag 35 US$*

SEHENSWERTES

LAKE BURUNGI ☀

Der flache Sodasee gleich hinter der westlichen Parkgrenze ist zwischen Juli und November von Flamingos bevölkert. Im Hintergrund erhebt sich der Rand des ostafrikanischen Grabenbruchs. Entlang des Ufers breiten sich ausufernde Wälder von Euphorbien aus. Die Pflanzen können bis zu 10 m hoch werden. Hier gibt es zahlreiche Kudus (eine Antilopenart) und Buschböcke zu sehen.

ÜBERNACHTEN

NAITOLIA CAMP ☺

Das aus lokalen Materialien ökologisch gestaltete, zusammen mit der lokalen Massai-Bevölkerung verwaltete Camp liegt am nördlichen Ende des Tarangire-Parks zwischen Akazien und Affenbrotbäu-

men. Trekkingtouren und Campingtrips innerhalb des Parks können arrangiert werden. *4 Zi. | Tel. 0754 74 13 54 | www.tarangireconservation.com | €€*

SWALA CAMP ●

Kleines Camp nahe dem Gursi-Sumpf am südlichen Ende des Parks. Zum Dinner wird mit echtem Silber gedeckt, auch sonst dominiert Luxus wie zu Zeiten der Großwildjäger vor 100 Jahren. Im Schatten großer Akazien tummeln sich Elefanten, Löwen und Leoparden. *9 Zelte | Tel.*

LOW BUDGET

▶ Die billigste Möglichkeit, in der Serengeti ein Dach über den Kopf zu bekommen, ist das *rest house* der tansanischen Nationalparkbehörde Tanapa (1 km von der Seronera Lodge entfernt). Für 30 Dollar pro Nacht übernachten Sie in einem der drei einfach ausgestatteten Zimmer. Essen gibt es in den nahen Restaurants und Shops. Reservieren bei *Tanapa in Arusha | Tel. 027 2 50 34 71 | www.tanzaniaparks.com.*

▶ Auf den Campingplätzen der Serengeti *(public campsites)* kann man für 30 Dollar sein Zelt aufschlagen und die Toiletten und Duschen benutzen. Die Plätze befinden sich am Ndabaka Gate im Westen, in Lobo im Norden und (mehrere) im Seronera Valley.

▶ Am Rand des Empakaai-Kraters können Sie – in Begleitung der Wildhüter – draußen zelten. Lebensmittel, Wasser und alles andere muss mitgebracht werden. Kosten: Trinkgeld für den Ranger (vorher aushandeln).

027 2 50 98 17 | www.sanctuaryretreats. com | €€€

TARANGIRE SAFARI LODGE ⚜

Der weite Blick über den Tarangire-Fluss macht den Ausblick hier zu einem der besten im ganzen Park: Von der Veranda lassen sich Hippoherden, Giraffen und Antilopen beobachten. Den Safarizelten und Bungalows merkt man nicht an, dass die Lodge die älteste des Parks ist. *40 Zi. | Tel. 027 2 54 47 52 | www. tarangiresafarilodge.com | €*

ZIEL IN DER UMGEBUNG

INSIDER TIPP FELSMALEREIEN IN KOLO ● *(118 A4) (⌖ F-G4)*

Drei Stunden südlich von Tarangire, Richtung Babati und Dodoma, erstreckt sich die größte Sammlung von Felsmalereien in diesem Teil Afrikas: Mehr als 200 Zeichnungen sind auf den Hügeln und in den Grotten rund um das Dorf Kolo zu besichtigen.

Auf ihnen sind vor allem Tiere, aber auch Menschen, Zeremonien und Tänze abgebildet. Andere Bilder zeigen abstrakte geometrische Figuren. Besonders gut erhalten und beeindruckend sind die Tänzer von Kolo *(mungomi wa kolo)* auf dem Ichoi-Hügel, etwa 10 km von Kolo entfernt. Die zwischen 200 und 4000 Jahre alten Zeichnungen wurden mit Farben gemalt, die u. a. aus Blättern gewonnen wurden. Über die Bedeutungen der Bilder rätseln Forscher bis heute. An der Hauptstraße gibt es ein kleines *Museum*, hier können Sie auch Führer engagieren. Die Malereien können von Tarangire aus als Tagesausflug besucht werden. Da die einzelnen Höhlen einige Kilometer voneinander entfernt liegen, brauchen Sie ein Fahrzeug. Rechnen Sie mit 150 Dollar für die Taximiete für einen ganzen Tag. *www. africanrockart.org*

UDZUNGWA MOUNTAINS NATIONAL PARK

(132 C2–3) (⌖ G6) **Die entlegene Bergregion der Udzugwas wird von Naturkundlern als „Tansanias Galapagos" bezeichnet und gleichermaßen bestaunt: ein Viertel der Tier- und Pflanzenwelt, so schätzen Biologen, ist endemisch, gibt es also nur im hiesigen unberührten Bergregenwald.**

Vierzig Prozent aller seltenen Arten Tansanias sind hier zu finden. Teile der Berge, die bis zu 2000 Meter hoch sind, sind so unzugänglich, dass Forscher hier erst 1979 eine Affenart, den Sanje crested mangabey, entdeckten, die es (wie auch eine Colobus-Art) nirgendwo sonst auf der Welt gibt. Die Zahl der Mangaben wird auf maximal 1300 geschätzt. Zu den anderen Naturwundern von Udzugwa gehört eine nur fingernagelgroße Krötenart, die rund um einen Wasserfall des Parks lebt – und nirgends sonst.

Die faszinierende Bergwelt mit ihren zahlreichen Wasserfällen lässt sich nur zu Fuß erkunden. Fachkundige einheimische Führer zeigen den Besuchern Tier- und Pflanzenwelt, zu der auch 160 Heilpflanzen gehören, die die lokale Bevölkerung bis heute nutzen. Der Park kann am besten in der Trockenzeit (Januar bis März, Juni bis Oktober) besucht werden. Die Anreise ist nur mit dem Auto *(von Dar etwa 6 Std.)* möglich; viele Besucher machen einen Abstecher vom *Mikumi-Nationalpark (1 Std. entfernt, s. Tourenkapitel, S. 94)*. Der Parkeintritt beträgt 20 US$, die obligatorischen Führer müssen extra bezahlt werden *(20 US$ pro Tag)*.

SEHENSWERTES

PRINZ-BERNHARD-WASSERFALL

Der Rundweg zum Prinz-Bernhard-Wasserfall *(1 Std.)* verschafft Ihnen einen ersten Eindruck der beeindruckenden Natur: den dichten Wäldern, die den Weg begrenzen, ist immer wieder das Kreischen von Affen zu hören. Wenn sich der Regenwald lichtet, ist der Wasserfall nicht mehr weit. Vom obersten Wasserfall hat man einen weiten Blick über den Park und die umliegende Gegend. Direkt über dem eiskalten Wasser hängt selbst am Tag noch eine dichte Schicht Nebel.

Sanje Wasserfall im Udzungwa Mountains National Park

der Weg führt durch ein Feld tanzender Schmetterlinge bis zum Wasserfall. Im See an seinem Fuß stillen vor allem morgens und abends Affen ihren Durst.

SANJE-WASSERFALL

Der Weg zum Sanje-Wasserfall *(5 Std.)*, einer Kaskade von Wasserfällen, die 300 m in die Tiefe stürzen, führt immer höher in die Bergwelt hinein. Dabei wird zwar nicht geklettert, aber es geht über Stock und Stein. Gute Wanderschuhe und Kondition sind Voraussetzung. In

ÜBERNACHTEN

HONDO HONDO

Das hundert Meter vom Parkhauptquartier entfernte Camp besteht aus sechs komfortabel ausgestatten Safarizelten, die von Makutidächern beschattet werden. Wer es sparsamer möchte, kann einfachere Bandas mieten oder auf dem gleichen Gelände campen. Die Betreiber verleihen zudem Zelte für mehrtägige Touren im Park. *Tel. 075 8 84 42 28 | www.udzungwaforestcamp.com | €–€€*

RUND UM DEN KILIMANDSCHARO

Ganz früh am Morgen ist er besonders eindrucksvoll: Dann glüht die Schnee-kappe des Kilimandscharo im roten Licht des Sonnenaufgangs und lässt die ganze Faszination spüren, die Afrikas höchster Berg nicht nur auf Bergsteiger ausübt.

Das Aufstehen zu unchristlicher Zeit lohnt sich: Schon ab dem späten Vormittag ist die Spitze des höchsten Bergmassivs Afrikas meist bis zur Dämmerung unter Wolken verborgen. Der Aufstieg bis zum 5895 m hohen Gipfel ist selbst ohne alpinistische Erfahrung möglich. Einsamer als der Kilimandscharo ist der Mount Meru (4566 m), Tansanias zweithöchster Berg, der sich inmitten der tierreichen Savanne des Arusha-Nationalparks erhebt.

Wem ein Gipfelsturm im Urlaub zu stressig ist, der kann den Kilimandscharo auch in den unteren Hängen erwandern und auf diese Weise die einmalige Landschaft genießen.

ARUSHA

(128 B2) (🗺 G3) Keine Stadt im Land wächst so schnell wie Arusha. Und doch hat Tansanias Safarihauptstadt (400 000 Ew.) den kolonialen Charme jener Tage, als von der hiesigen Piste Versorgungsflugzeuge in den umliegenden Busch starteten, noch nicht ganz verloren.

Die im üppigen Grün gelegene Stadt ist Startpunkt für eine Fülle von Touristenattraktionen im Land. Arusha ist das Tor zur Serengeti und zu den nörd-

---

Bild: Kilimandscharo

Bei Sonnenaufgang glüht der Gipfel: Nicht nur Bergsteiger lassen sich vom schneebedeckten Riesen am Äquator beeindrucken

lichen Nationalparks. Und obwohl vom Kilimandscharo weiter entfernt als etwa Moshi, ist Arusha auch die Hauptbasis für die Organisation von Wanderungen auf dem höchsten Berg Afrikas. Darüber hinaus ist die Stadt am Fuß des Mount Meru gesäumt von Kaffeeplantagen, die einen Ausflug lohnen.

Wenn Sie vor Ort eine Tour organisieren wollen, werden Ihnen schnell die Schlepper auffallen, die einen überall in der Stadt von der Straße weg zu einem bestimmten Veranstalter zerren wollen:

Arusha ist die Hochburg solcher Kundenfängerei. Am besten, Sie ignorieren diese Männer. Bevor Sie eine Tour buchen, sollten Sie gezielt bei etablierten Veranstaltern nachfragen. Die vermeintlichen Schnäppchen sind meist windige Angebote.

Auch wenn Arusha für die meisten eine Durchgangsstation ist, ist das grüne Hochland der Umgebung durchaus ein paar Tage Urlaub wert. In den Inns und Lodges jenseits der Stadtgrenze spiegelt sich heute noch die entspannte und rustikale Atmosphäre der Höfe wider, die die europäischen Siedler hier errichtet haben. Auf 1500 m Höhe können Sie sich zudem, etwa vor einem geplanten Kili-Aufstieg, akklimatisieren.

Kulturzentrum *(So geschl.)* vorbei: Beide befinden sich auf dem Gelände der Boma. Das Kulturzentrum organisiert regelmäßig Veranstaltungen und Ausstellungen.

Traditionell tragen Afrikas Frauen Waren auf dem Kopf – hier auf dem Markt von Arusha

SEHENSWERTES

GERMAN BOMA

Das 1886 errichtete deutsche Fort – heute *Boma*, Haus auf Suaheli, genannt – ist ein imposanter, gut erhaltener Bau. Innendrin befindet sich das sehenswerte *Nationale Naturkundemuseum (tgl. 9.30–18 Uhr | 2000 TSh | www.museum. or.tz/natural.asp)*, in dem unter anderem die 3,5 Millionen Jahre alten Laetoli-Fußabdrücke zu sehen sind, die Vorfahren des Menschen in Vulkanasche hinterlassen haben. Schauen Sie im gemütlichen `INSIDER TIPP` ▶ *Via-Via-Restaurant* und im

MESERANI-SCHLANGENPARK ⟳

Das südafrikanische Paar Barry und Lynn Bale hat den Schlangenpark im Einklang mit der Natur angelegt; nur giftige Arten sind hinter Glas versteckt. Die Schlangen, vor allem einheimische Arten, sind in Kooperation mit den Massai der Gegend gesammelt worden, für die die Bales Gegengifte für Schlangenbisse herstellen. Zum Gelände gehört auch ein sehr sehenswertes *Museum* zur Geschichte und Kultur der Massai, das mit den lokalen Massai angelegt worden ist. Hier werden auch Kamelausritte zu nahen Massaidörfern angeboten. *tgl. 8–18 Uhr |*

Hauptstraße zur Serengeti, ca. 25 km von Arusha | Tel. 0754 44 08 00 | www.meseranisnakepark.com

INSIDER TIPP **RUANDA-TRIBUNAL**

Seit 1995 wird in den Sälen des mit Unterstützung der UN eingerichteten Gerichtshofs der Völkermord in Ruanda aufgearbeitet, bei dem mehr als 800 000 Menschen ermordet wurden. Ein Besuch des hochgelobten Tribunals lohnt sich besonders montags bis donnerstags, wenn Anhörungen stattfinden. *Afrika Mashariki Road | Tel. 027 2 56 50 00 | www.ictr.org*

TANSANIT-MUSEUM

Kleines, privates Museum rund um Tansanias einzigartigen Edelstein *(s. Kasten S. 59)* mit Informationen rund um Abbau, Geschichte und Verarbeitung der blau leuchtenden Steine. *Mo–Fr 9–16, Sa 9–13 Uhr | Blue Plaza Building, 3. Etage | India Street | Eintritt frei | www.tanzaniteexperience.com*

ESSEN & TRINKEN

ARUSHA COFFEE LODGE

Riesige Auswahl an mediterran angehauchten Gerichten, Pizza und besonders guten Desserts im Grünen. Sonntags trifft sich hier halb Arusha, vor allem an sonnigen Tagen, denn für Gäste ist die Benutzung des Swimmingpools umsonst. *Dodoma Road (nahe Arusha Airport) | Tel. 027 2 50 03 59 | €€*

MASSAI CAMP

Beliebter Treffpunkt mit rustikaler Atmosphäre und guter, preisgünstiger Küche: die Pizzen werden im Holzofen gebacken, in dessen Rauch Schweinefleisch geräuchert wird. Auch mexikanische Gerichte stehen auf der Karte. *Old Moshi Road | €*

SPICES & HERBS

Äthiopische Gerichte in authentischer Atmosphäre mit vielen vegetarischen Optionen. Von Donnerstag bis Samstag spielt dazu eine traditionelle Band. *Simeon Road (nahe Impala Hotel) | Tel. 027 2 50 22 79 | €€*

EINKAUFEN

Nirgendwo im Land ist die Auswahl an Souvenirs so groß wie in Arusha, und vieles – wie Tinga-Tinga-Bilder oder Makonde-Schnitzereien – ist hier besonders günstig. Rund um den Uhrturm gibt es Verkaufsstände, an denen allerdings gut gehandelt werden muss. Wer gerne ruhiger einkauft oder sich einen Überblick verschaffen will, für den ist die Riesenauswahl im *Cultural Heritage Centre (Dodoma Road | So geschl.)* 12 km westlich der Stadt das Richtige.

SAFARIVERANSTALTER

Was man in Tansanias Safarihauptstadt nicht buchen kann, das gibt es nicht. Entsprechend groß ist die Zahl der Veranstalter – und solange die Agentur beim TTB *(Tanzania Tourist Board)* registriert ist, können Sie nicht völlig falschliegen.

MARCO POLO HIGHLIGHTS

⭐ **Hatari Lodge**
Sundowner mit den Büffeln: In der umgebauten Filmranch mischen sich Tradition und Moderne → S. 57

⭐ **Kilimandscharo National Park**
Einmal auf das Dach Afrikas steigen: Im Nationalpark geht der Traum in Erfüllung → S. 58

Zu den etablierten Safariveranstaltern gehören: *Abercrombie & Kent | Tel. 027 2 50 83 47 | www.abercrombiekent.com* (gehobene Touren); *Nature Discovery | 0732 97 18 59 | www.naturediscovery.com* (jenseits ausgetretener Pfade); *Leopard Tours | Tel. 027 2 54 84 41 | www.leopard-tours.com* (breite Auswahl).

ÜBERNACHTEN

INSIDER TIPP KARAMA LODGE ☺ ☘

Buschatmosphäre wenige Kilometer von Arushas Innenstadt entfernt: Sie wohnen in luxuriösen Pfahlhütten inmitten der Vogelwelt. Vom Balkon können Sie einen Blick auf den Kili erhaschen. *22 Bandas | Old Moshi Road | Tel. mobil 0754 47 51 88 | www.karama-lodge.com | €€€*

OUTPOST LODGE

Im schönen Garten der Lodge stehen mehrere Bungalows verteilt. Besonders günstig schlafen Sie in den Mehrbettzimmern. *23 Zi. | Serengeti Street 37 a | Tel. 027 2 54 84 05 | outposttanzania.net | €*

RIVERTREES COUNTRY INN

Wenige Kilometer außerhalb von Arusha gelegen. In den gemütlichen Hütten (deutsches Management) können Sie prima entspannen. *10 Bandas | mobil 0713 33 98 73 | rivertrees.com | €€*

AUSKUNFT

TANZANIA NATIONAL PARK AUTHORITY

Infos u. a. über die Parks und die jeweils aktuellen Gebühren. *Sokoine Road | Tel. 027 2 50 34 71 | www.tanzaniaparks.com*

TANZANIA TOURIST BOARD

Eines der wenigen TTB-Büros, das hilfreiche Informationen rund um Hotels und Transport bietet, außerdem eine

DIE MASSAI

Wer im Norden Tansanias reist, trifft sie mit Sicherheit: in rote Tücher gewandete Männer, die mit ockerfarbenem Haar, prächtigem Kopfschmuck und einem Speer in der Hand in der Landschaft stehen, still wie Statuen. Die Massai sind ein nomadisches Hirtenvolk, das heute noch so lebt wie vor Jahrhunderten. Gesellschaftlicher Status wird vor allem anhand der Herde gemessen: Je größer diese ist, desto reicher ist ihr Besitzer. Geschlachtet werden die wertvollen Tiere nur bei besonderen Anlässen. Hauptnahrung der Massai ist Milch, gemischt mit vorsichtig abgezapftem Rinderblut. Mit der Pubertät begehen die jungen Män-

ner die Initiation zum Krieger *(moran)*. Rituell müssen sie dann zum Beweis ihrer Kraft einen Löwen mit dem Speer erlegen. Nicht nur weil das inzwischen verboten ist, öffnen sich viele Massai immer mehr der Gesellschaft. Schulbildung und wirtschaftliche Chancen, etwa im Tourismus, führen dazu, dass vor allem junge Massai in die Städte ziehen und daraufhin ihre Lebensweise ändern. Wer bleibt, lebt häufig vom Tourismus. In *cultural villages* genannten Massai-Dörfern bieten die Bewohner einen Einblick in das traditionelle Leben, der leider häufig durch aggressive Geldwünsche (etwa für Fotos) getrübt wird.

Liste aller zertifizierten Safariveranstalter und einen kostenlosen Stadtplan. *Boma Road | Tel. 027 2 50 38 42 | www. tanzaniatouristboard.com | Mo–Fr 8–16, Sa 8.30–13.30 Uhr*

terkünfte Tansanias: ⭐ 🔴 *Hatari Lodge (9 Zi. | 2 km vom Momella Gate | Tel. 027 2 55 34 56 | www.hatarilodge.com | €€€)* heißt die umgebaute, alte Ranch. Haupthaus und Anbau strahlen im Stil

Wohlfühlstube in der Wildnis: Die Hatari Lodge ist Tansanias erstes Designhotel

ZIELE IN DER UMGEBUNG

ARUSHA NATIONAL PARK
(128 B–C 2) (*ᗰ G3*)

Der 300 km² kleine Park, dessen westliches Ende der Mount Meru markiert, wird *Serengeti ndogo,* kleine Serengeti, genannt. Löwen bekommen Sie hier nicht zu Gesicht, dafür gibt es rekordverdächtig viele Giraffen. Der Blick auf die Büffelherden im *Ngurdoto-Krater* im äußersten Südosten des Parks ist eindrucksvoll. In den 400 m tiefen Krater fahren darf man allerdings nicht. Der Park ist von Arusha aus in einer halben Stunde erreicht. Kartenmaterial ist im Park nicht erhältlich. *Eintritt pro Tag 35 US$, Auto min. 40 US$ (je nach Größe)*

Von den Momela-Seen im Norden des Parks sieht man in der Abenddämmerung die Gipfel von Mount Meru und Kilimandscharo schimmern. Hier steht auch eine der außergewöhnlichsten Un-

der 1960er-Jahre in Braun, Orange und Grün. Ein Steg führt hinein in die Ausläufer der *Momela-Seen*, wo im Sonnenuntergang die Büffel grasen. Nicht weit entfernt liegt die Momela-Lodge: Dort hatte Hardy Krüger 1959/60 mit John Wayne den Film „Hatari!" gedreht und sich dabei in Afrika verliebt. Krüger baute sich ein Haus in Afrika: die heutige Lodge.

MOUNT MERU (128 B2) (*ᗰ G3*)

Der 4566 m hohe Gipfel des Mount Meru lässt sich nicht nur schneller und deutlich billiger als der Kilimandscharo bezwingen – man hat den Berg über weite Strecken auch ganz für sich allein. Eine Gipfeltour *(Kosten: etwa 250 US$)* dauert drei Tage. Vom Momela Gate auf 1500 m geht es durch von Giraffen durchwandertes, dichtes Waldland in drei Stunden bis zur *Miriakamba-Hütte* (2600 m). Am zweiten Tag dünnt der Wald langsam aus, nach drei Stunden erreicht man die

Saddle-Hütte (3600 m), von der Sie bei gutem Wetter den Kili sehen. Der dritte Tag ist Gipfeltag: Wer gegen 2 Uhr nachts startet, steht rechtzeitig zum Sonnenaufgang oben – und ist am Abend zurück am Ausgangspunkt.

stehen mehrere Wanderwege zur Verfügung. Touren auf eigene Faust sind nicht möglich: Tansanias Regierung schreibt die Buchung über ein Safariunternehmen ebenso vor wie die Beschäftigung einheimischer Führer und Träger.

Beste Aussichten: Wer erst auf den Mount Meru steigt, ist danach fit für den Kilimandscharo

KILIMAND-SCHARO NA-TIONAL PARK

(128 C1–2) (⌂ G–H3) ⭐ Aus der Nähe wirkt der größte freistehende Berg der Welt noch imposanter als aus der Ferne. Kein Wunder, dass jedes Jahr Tausende den Versuch unternehmen, bis zum 5895 m hohen Gipfel vorzudringen.

Der Schlüssel zum Erfolg heißt Zeit. Wer sich schrittweise an die enorme Höhe anpasst, hat selbst ohne Bergsteigererfahrung gute Chancen, bis ganz nach oben zu kommen. Wem das zu viel ist, dem

Geologisch gesehen ist der Kilimandscharo ein junges Bergmassiv, das durch vulkanische Aktivität vor gut 1 Mio. Jahren geformt wurde. Heute schlummert der Vulkan. Obwohl es keine Ausbrüche gibt, weht starker Schwefelgeruch über dem 2,3 km breiten und 200 m tiefen Krater an der Spitze. Die Schneekappe schmilzt unterdessen: Die Umweltexperten der Vereinten Nationen gehen davon aus, dass der Schnee infolge des Klimawandels bis 2020 verschwunden sein wird – vier Fünftel der 1918 gemessenen Schneedecke sind bereits geschmolzen.

Von den sechs gängigsten Routen ist die *Marangu-Route* (auch *Coca-Cola-Route* genannt) mit Abstand die einfachste und beliebteste. Wer auf diesem Weg auf den Kilimandscharo steigt, durchquert innerhalb von fünf Tagen alle Ökosysteme des Gebirgsmassivs: Die Felder des Hochlands gehen über in dichten Bergwald, wo an der *Mandara-Hütte* (2800 m) der erste Aufstiegstag endet. Tag 2 führt durch Heide- und Moorland bis zur *Horombo-Hütte* (3700 m): Unterwegs ist erstmals der Gipfel zu sehen. Der dritte Tag führt durch urzeitlich wirkende Wälder bis jenseits der Baumgrenze zur *Kibo-Hütte* (4750 m).

Am vierten Tag beginnt gegen Mitternacht der Gipfelsturm: Die gut 1200 m bis zum Kraterrand am *Gillman's Point* (5680 m) oder zur Freiheitsspitze *(Uhuru Peak)* auf 5895 m sind die strapaziösesten, sie führen durch Eis- und Schneefelder. Wenn alles glattgeht, erreichen Sie den ☀ Gipfel rechtzeitig zum Sonnenaufgang: ein atemberaubender Anblick. Der letzte Tag gilt dem Abstieg von der Horombo-Hütte bis zum Ausgangspunkt. Wer sichergehen will, den Gipfel zu erreichen, plant am besten einen weiteren Tag zur Akklimatisation auf der Horombo-Hütte ein. Der harschen Umgebung mit zum Gipfel hin stetig sinkenden Temperaturen hat sich eine vom Umland isolierte Tierwelt angepasst. Elefanten steigen bis auf das Shira-Plateau auf fast 4000 m. Nicht weit vom Gipfel wurde einst sogar ein erfrorener Leopard gefunden. Die meisten Wildtiere leben aber im Waldgürtel, was Wanderungen im Nationalpark auch ohne Gipfelsturm lohnend macht.

Billig ist eine Kili-Bergtour nicht: Rechnen Sie mit mindestens 1000 Dollar für fünf Tage auf der Marangu-Route, zzgl. Parkgebühr und Trinkgeld für Guide (ca. 10 000 TSh pro Tag) und Träger (5000 TSh pro Tour). Die Kosten für andere Routen sind höher und hängen maßgeblich davon ab, wie lange die Tour dauert und wie ungewöhnlich oder schwierig sie ist. Denken Sie daran: Sie vertrauen Ihrem Bergführer Ihr Leben an – von Schnäppchentouren sollten Sie absehen! Das Wetter am Kilimandscharo ist unvorhersehbar. Innerhalb von weniger als einer Stunde kann das Wetter komplett umschlagen. Es ist deshalb wichtig, immer

TANSANIT

Wenn die Legende stimmt, dann war es ein Massai-Hirte, der Ende der 1960er-Jahre nach einem Buschfeuer die Steppe im Schatten des Kilimandscharo als Erster durchquerte – und dabei in der Asche verstreut die blau leuchtenden Steine entdeckte, die kurze Zeit später zum Edelstein des 20. Jhs. gekürt wurden. Tansanit ist einer der rarsten Schmucksteine der Welt – die globalen Diamantvorkommen etwa sollen tausend Mal so groß sein. Geschürft wird er nur in einer einzigen Mine in den Merelani-Hügeln in der Nähe von Arusha. Kommt Tansanit aus dem Boden, ist der Edelstein schmutzig braun wie eine Bierflasche. Erst auf 500 Grad erhitzt, wandelt er sich in das glänzende Blauviolett – je stärker der Violettanteil, desto wertvoller. Geologen vermuten, dass der Tansanit seine einzigartige Mischung einem Vulkanausbruch des Kilimandscharo verdankt. Wer einen geschliffenen Edelstein als Andenken mit nach Hause nehmen will, muss in der besten Qualität (Rating AAA) mit hohen Preisen rechnen – und sich beeilen. In 40 Jahren, so die Schätzungen, wird der letzte Tansanit über den Ladentisch gegangen sein.

den Anweisungen des Führers zu folgen. Außer gute Kondition sollten Sie für einen Aufstieg möglichst alles aus Europa mitbringen: Wanderstiefel, Stirn- und Taschenlampe, Schlafsack, Windstopper, lange Unterwäsche und Handschuhe. Trotz aller Vorbereitung gilt: Zwingen Sie sich nicht zum Gipfel. Selbst die leichteste Tour auf den Kilimandscharo ist wegen der enormen Höhe eine große Herausforderung. „Pole, pole", mahnen die Bergführer unterwegs, was so viel heißt wie „langsam, langsam". Ein tansanisches Lebensmotto, das zugleich das Erfolgsrezept für eine erfolgreiche Kili-Besteigung ist. Doch selbst mit Langsamkeit schafft es im Schnitt nur jeder Zehnte bis ganz hinauf. 90 Prozent geben vorher auf – es ist also keine Schande, früher abzusteigen.

Auch unterhalb des Gipfels gibt es großartige Möglichkeiten, den Kili in seiner ganzen Vielfalt kennenzulernen: z. B. bei einer **INSIDER TIPP** Bergrundtour, die eine gute Woche dauert und bei der Sie auf etwa 4000 m Höhe den Kilimandscharo umwandern. Je nach Route können sich Kurzentschlossene am vorletzten Tag noch für den Gipfel entscheiden, der Rest der Gruppe steigt derweil schon einmal ab. Die meisten Safariveranstalter in Moshi haben eine solche Tour im Programm. Eine Kilimandscharo-Tour beginnt normalerweise in *Marangu*, einem Ort am Fuß des Berges (gut 40 km nordöstlich von Moshi und 5 km vom Parkeingang entfernt). *Eintritt pro Tag 60 US$, Übernachtung in den Hütten je 50 US$*

FREIZEIT & SPORT

KILI VON OBEN

Wer ohne die Mühen eines Aufstiegs den Kilimandscharo von oben sehen möchte, kann ein Charterflugzeug für

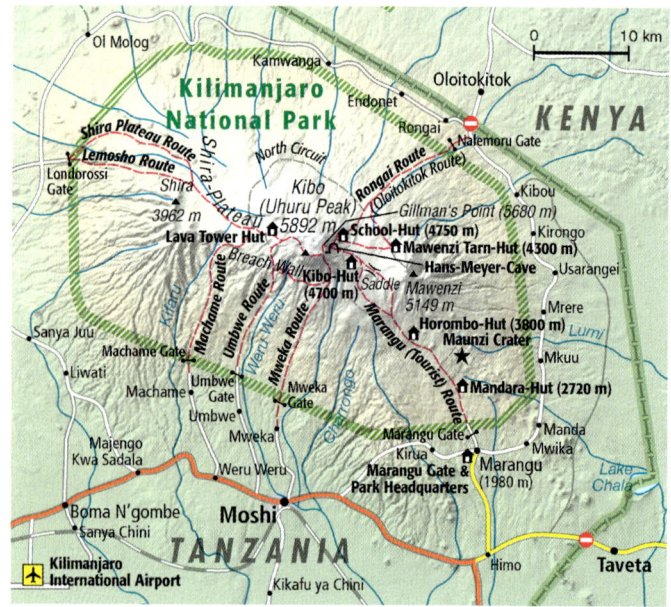

Der Gipfel ist noch weit: Durch fünf Ökosysteme und dichten Bergwald geht es auf den Kili

einen Rundflug um den Berg buchen. Die schönste Sicht hat man am frühen Morgen kurz nach Sonnenaufgang, gestartet werden kann theoretisch von jedem Flugfeld der Umgebung. Wer vom Kilimanjaro International Airport nach Sansibar oder Dar fliegt, hat den Blick von oben inklusive, wenn er auf der linken Flugzeugseite sitzt. *Rundflüge buchen über Kilimanjaro Aero Club | Moshi Airport | Tel. 027 2 75 05 55 | www. kilimanjaroaeroclub.com*

INSIDER TIPP TOUR DE KILI ●

Origineller kann man den Kili nicht umrunden: Vom Farmland mit Kaffeesträuchern und Bananenhainen durch Savanne, Bergwald und Massai-Dörfer führen die sechs Etappen auf dem Mountainbike einmal rund um den Berg. Steile Abschnitte, brennende Sonne und viel Staub machen die 289 km lange Strecke zu einer sportlichen Herausforderung. Dafür gibt es die Chance, eine touristisch unerschlossene Seite des Berges kennenzulernen, mit Massai ins Gespräch zu kommen oder – in Begleitung eines Rangers – Elefanten zu beobachten. Der deutsche Veranstalter *Chagga Tours* organisiert die Tour für zwei bis zehn Biker samt Begleitfahrzeug für etwa 1000 Euro pro Kopf. *www. chagga-tours.com*

INSIDER TIPP REITEN AM KILIMANDSCHARO

Die ● *Makoa-Farm (Tel. 0754 31 28 96 | www.reiterhof-kilimandscharo.de | €€€)*, eine altkoloniale Kaffeefarm mit Blick auf den Kilimandscharo, organisiert Ausritte und Reitsafaris durch den Busch am Fuß des Bergs und weit darüberhinaus: zu den Angeboten gehören kurze Tiersafaris zu Pferd ebenso wie Ausflüge in die nähere Umgebung (hier gibt es heiße Quellen, in denen gebadet werden kann) und sogar ein Ritt mit der Tiermigration in Richtung des Amboseli-

Nationalparks in Kenia – eine einmalige Art, die Natur rund um den Kili zu erleben. Auf der Farm der deutschen Besitzer kann man sich nach den Ausritten wunderbar erholen, während die Kinder mit den Haus- und Nutztieren spielen.

Kaffee vom Kili: Arabica-Bohnen

MOSHI

(128 C2) (ⓜ H3) **Sauber, aufgeräumt und fast ein bisschen langweilig – würde im Hintergrund der Stadt (200 000 Ew.) nicht der Kilimandscharo in den Himmel ragen, es gäbe kaum einen Grund, hier zu halten.**

So jedoch ist Moshi, das auf 850 m Höhe am Fuß des Bergmassivs liegt, eines der brummendsten Touristenziele des Landes. Ob Gipfelsturm, MTB-Tour oder Trekking, im übersichtlichen Zentrum kann alles arrangiert werden. Die meisten Veranstalter, Geschäftsleute und Hoteliers von Moshi gehören übrigens zum Volk der Chagga. Die Chagga sind die drittgrößte Ethnie Tansanias

und leben seit Jahrhunderten am Fuß des Kilimandscharo. Traditionell waren die meisten von ihnen Bauern. Noch heute bewirtschaften sie die Kaffeeplantagen im Umland: Moshi ist auch eines der wichtigsten Kaffeeanbauzentren des Landes.

Die Stadt liegt verkehrsgünstig an der gut geteerten Straße, die Arusha mit Daressalaam verbindet. Kilimanjaro International Airport ist 40 km entfernt. Die Bahnlinie nach Dar ist leider seit einigen Jahren stillgelegt.

ESSEN & TRINKEN

COFFEE SHOP

Hausgebackenes Brot, Cappuccino und Waffeln gehören zu den Spezialitäten des gemütlichen Gartencafés. *Hill Street | Mo–Fr 8–20, Sa 8–16.30 Uhr | Tel. 027 275 2707*

EL RANCHO

Indische Gerichte der Spitzenklasse, viele davon sind vegetarisch. Das attraktiv in einem alten Wohnhaus mit Garten gelegene Restaurant befindet sich ein paar Kilometer stadtauswärts – am Abend sollten Sie ein Taxi nehmen. *Lema Road | Di–So 12.30–23 Uhr | Tel. 027 2 75 51 15 | €€*

INSIDER TIPP TANZANIA COFFEE LOUNGE

Westlich angehauchtes Café mit großem Angebot an Bagels, Milchshakes und frischen Säften. Das Internet (acht Computer) ist das schnellste der Stadt. *Mo–Sa 8–20, So 8–18 Uhr | Chagga Street | Tel. 027 275 1006 | €*

SAFARIVERANSTALTER

In Moshi gibt es reichlich Auswahl an Veranstaltern, die eine Tour auf Afrikas höchsten Berg organisieren können. Zu den empfehlenswerten gehören: *Chagga Tours | Chagga Street | Tel. 027 2 75 13 18 | www.chagga-tours.com* (auch deutschsprachige Führer); *Keys Hotel (s. Übernachten)* und *Shah Tours | Mawenzi Road | Tel. 027 2 75 23 70 | kilimanjaro@ eoltz.com*

ÜBERNACHTEN

KEYS HOTEL

Die bei Bergsteigern besonders beliebte und günstige Unterkunft hat schlichte, aber saubere Zimmer (nicht alle verfügen über eine Klimaanlage) und Bandas im Hinterhof. Die Besitzer gehören zu den erfahrensten Organisatoren von Kilimandscharo-Besteigungen. *30 Zi. | Uru Road | Tel. 027 2 75 22 50 | www. keyshotels.com | €*

KILIMANJARO IMPALA HOTEL

Modern ausgestattetes Haus mit großen Zimmern, Pool und Internet, 5 km vom Zentrum entfernt. Entspannte Atmosphäre, bestes Preis-Leistungs-Verhältnis der Stadt. *11 Zi. | Lema Road | Tel. 027 2 75 34 43 | www.impalahotel.com | €€*

PROTEA HOTEL MACHAME ☼

Das frisch renovierte Hotel außerhalb von Moshi am Fuß des Kili hat einen Pool und bietet alle Annehmlichkeiten. Das Management organisiert außer Kili-Besteigungen auch Wanderungen in der Umgebung, etwa zum 30 m hohen Makoa-Wasserfall. *30 Zi. | Machame Road | Tel. 027 2 75 69 41 | www. proteahotels.com | €€*

FREIZEIT & SPORT

Nirgendwo sonst in Tansania wächst so guter Kaffee wie an den Hängen im Hochland rund um den Kili: Hier wird Arabica-Kaffee angebaut, der als so edel gilt, dass er den meisten Mischungen nur in kleinen Mengen beigefügt wird. Seit Missionare vor mehr als 100 Jahren die Kaffeebohne nach Tansania brachten, haben die Bauern den Anbau perfektioniert. Heute ist Kaffee eines der wichtigsten Agrarexportgüter des Landes.

Die Kaffeefarmen am Fuß des Kilimandscharos können nach Vereinbarung besucht werden. Geführte Besichtigungen arrangiert der Coffee Shop an der Hill Street.

LOW BUDGET

▶ Machen Sie es wie die Tansanier, und essen Sie statt im Restaurant am Straßenrand. Geröstete Maiskolben, Fleischspieße *(mishkaki)* und frittierten Maniok *(cassava)* gibt es in Arusha entlang der Swahili Street für wenige Hundert Schillinge. In Moshi verkaufen die Straßenhändler dazu wohlschmeckenden Kaffee.

▶ Wer billig zwischen Moshi und Arusha hin- und herfahren will, sollte Bus statt Taxi fahren. Tickets gibt es ab 1500 Schillinge. Vorsicht: An beiden Busbahnhöfen gibt es Touristenschlepper, die Sie in besonders teure Busse locken wollen.

▶ Hartgesottene können mitten in Arusha zelten – die *Vision Campsite* liegt neben dem Equator Hotel an der Boma Road. Geduscht wird mit heißem Wasser aus Eimern. *Kosten pro Nacht: 3000 TSh*

DARESSALAAM UND DIE KÜSTE

Lehnen Sie sich zurück, und lassen Sie sich in einem der Beach Resorts für ein paar Tage verwöhnen. In Küstennähe hat die deutsche Kolonialzeit ihre Spuren hinterlassen: In der ehemaligen Hauptstadt Bagamoyo ebenso wie in Daressalaam, Tansanias wahrer Metropole.

Nach einer Woche in der staubigen Savanne kann man in Dar, wie die Drei-Millionen-Stadt im ganzen Land liebevoll genannt wird, Kultur, Musik und Party tanken.

BAGAMOYO

(129 E6) (⌖ J5) ★ Wer durch Bagamoyos Altstadt mit ihren verwunschenen Ruinen läuft, fühlt sich um mehrere Jahrhunderte zurückversetzt in die Zeit des Sklavenhandels, mit dem die Stadt groß geworden ist.

„Lege dein Herz nieder", so wird der Name der Stadt übersetzt, und damit sind vermutlich die Sklaven gemeint, die nach Hunderten Kilometern Gewaltmarsch in Bagamoyo ihr vorläufiges Ziel erreichten: den Sklavenmarkt und von dort den Abtransport in eine ungewisse Zukunft.

Mitte des 19. Jhs. war Bagamoyo die wichtigste Hafenstadt des Landes: Jährlich wurden 50 000 Männer und Frauen aus dem Binnenland nach Sansibar und in die arabische Welt verschifft. Europäische Entdecker wie Henry Morton Stanley und David Livingstone passierten die

Bild: Strand von Pangani

Entspannen an feinsandigen Stränden, unter schattenspendenen Palmen und einem endlosen Himmel: wo Tansania aufs Meer trifft

Stadt auf ihrem Weg ins unbekannte Binnenland. 1888 erklärte Deutschland Bagamoyo zur Kolonialhauptstadt, doch schon nach drei Jahren zog die Verwaltung erst nach Tanga und dann nach Dar.

Es schien lange Zeit, als gerate die verfallende Stadt trotz ihrer 30 000 Einwohner in die Bedeutungslosigkeit, doch neue Resorts entlang der leuchtend weißen Strände zeugen vom Aufschwung. Für einen Spaziergang lohnt es sich dennoch, im Hotel nach einem

lokalen Führer zu fragen – in den verwinkelten Altstadtgassen hat es Bewohnern zufolge bereits Überfälle gegeben.

SEHENSWERTES

ALTES FORT

Das von einem arabischen Händler 1860 als Sklavengefängnis gebaute Fort am südlichen Ende der Altstadt ist das älteste noch stehende Gebäude Bagamoyos. Es kann nur von außen besichtigt werden.

BOMA

Das kaiserliche Verwaltungsgebäude (1897) ist inzwischen fast vollständig verfallen. Auf der Frontseite an der parallel zur Küste verlaufenden India Road feiern fünf Gedenktafeln bis heute die

KATHOLISCHES MISSIONSMUSEUM

Am Ende einer Allee aus Mangobäumen steht die älteste Kirche Ostafrikas. Hier gründeten Missionare 1868 eine Kolonie befreiter Sklaven und läuteten damit das Ende des Sklavenhandels in Bagamoyo

Der Stolz von Bagamoyo: Die Katholische Mission existiert seit fast 150 Jahren

fragwürdigen „Heldentaten" deutscher Offiziere.

KAOLE-RUINEN ●

5 km von Bagamoyo entfernt stehen die Ruinen einer der ältesten Küstenstädte des Landes. Die Geschichte von Kaole liegt weitgehend im Dunkeln: Vermutlich wurde die Stadt im 14. Jh. gebaut, manche Quellen sprechen auch vom 13. oder sogar vom 7. Jh. Kaole soll eine der größten Moscheen seiner Zeit beherbergt haben. Deren Überreste sind, neben anderen Gebäuden und Grabmälern, bis heute zu sehen. *10 Min. Taxifahrt*

ein. Im Gebäude gegenüber ist ein *Museum* eingerichtet. *Tgl. 10–17 Uhr | 2000 TSh*

ESSEN & TRINKEN

BAGAMOYO BEACH RESORT

Frischer Fisch ist die Spezialität des Restaurants, das in der Nähe des Missionsmuseums am Strand liegt. *Beach Road | Tel. 023 2 44 00 83 | €€*

ÜBERNACHTEN

LIVINGSTONE CLUB

Altes Resort mit viel Charakter. Der weiße Sandstrand und die nahe gelegenen Mangrovenwäldchen geben dem Platz eine besonders romantische Note. Schnorchelexkursionen, Bootstouren und Mountainbike-Ausflüge können organisiert werden. *40 Zi. | Tel. 023 2 44 00 59 80 | www.livingstone.ws | €€*

INSIDER TIPP **TRAVELLER'S LODGE**

Bungalows unter Palmen mit Meerblick, der Badestrand ist bewacht. Das Essen in der sehr günstigen Lodge, die von einem deutsch-südafrikanischen Paar geführt wird, ist hervorragend. *25 Zi. | Tel. 0744 85 54 85 | www.bagamoyo.com/travellers-lodge | €*

DARES-SALAAM

KARTE IM HINTEREN UMSCHLAG

(129 E6) (ΩΩ J5) „Hafen des Friedens" bedeutet Daressalaam wörtlich übersetzt. Wenn man durch die von alten Kolonialhäusern bestandene Innenstadt läuft, kann man sich bis heute vorstellen, warum die erst 1860 entstandene Stadt so getauft wurde.

Das wahre tansanische Leben lernt man nirgendwo sonst im Land so gut kennen wie hier. Obwohl die Hafenstadt (4,5 Mio. Ew.) den Titel Hauptstadt an Dodoma im Zentrum Tansanias abgeben musste, werden alle politischen, wirtschaftlichen und intellektuellen Fäden bis heute in Dar gezogen. Nicht umsonst nennen Tansanier die Stadt auch „Bongo" – das Gehirn des Landes. Hier pulsiert das Leben, in tansanisch-gemütlichem Takt versteht sich.

Im Herzen ist Dar eine Handelsstadt: Hier finden sich die größten Märkte, der stolzeste Hafen und Verkehrsverbindungen in alle Regionen des Landes. Fähren nach Sansibar fahren in Dar ebenso ab

CITY **WOHIN ZUERST?**

Starten Sie ihren Rundgang am **Askari-Denkmal (U D4)** (ΩΩ *d4*): das Monument, das an die im ersten Weltkrieg für Deutschland gefallenen Soldaten (*askari* auf Suaheli) erinnert, steht mitten auf dem zentralen Kreisverkehr: von hier führen die Wege sternförmig zum Hafen, zum Botanischen Garten und zu den meisten Hotels, Läden und Clubs. Die meisten Dalla-Dallas halten hier. Den eigenen Mietwagen unbedingt im Hotel lassen – Parkplätze gibt es nicht.

wie Züge zum Tanganyika-See oder ins südliche Nachbarland Sambia. Am modernen Julius Nyerere Airport kommen bis heute die meisten internationalen Flüge nach Tansania an; vom nahe gele-

---

MARCO POLO HIGHLIGHTS

★ **Bagamayo**
Die alte Kolonialhauptstadt ist ein lebendiges Open-Air-Museum, Traumstrände inklusive → S. 64

★ **Tingatinga Arts Cooperative**
Afrikas Antwort auf Pop-Art: traditionell mit Fahrradlacken gemalte Tierbilder → S. 70

★ **Oyster Bay**
Nirgendwo ist Tansanias hektische Metropole Dar so relaxed wie an diesem Strand → S. 71

★ **Saadani National Park**
Hier geht man – einzigartig in Tansania – am Strand auf Safari → S. 75

genen alten Terminal starten die Propellermaschinen in die Nationalparks und zu den Inseln.

Indische, afrikanische und persische Händler haben überall in der Stadt ihre Läden und Stände. Während das Zentrum von Geschäftsleuten dominiert wird, findet in den grünen Vorstädten auf der *Msasani-Halbinsel* ein Großteil des Abendlebens statt. Afrikanischer geht es im Viertel *Kariakoo* und rund um die Universität zu. Die der Stadt zugewandte *Oyster Bay* ist der Ort, wo Dars Familien vor allem am Wochenende die Beine hochlegen, picknicken oder in die Fluten springen. Auch die Strände nördlich von Dar sind ein beliebtes Ausflugsziel von Einheimischen und Reisenden.

Anders als etwa Kenias Hauptstadt Nairobi ist Dar sicher genug, um sich nach Sonnenuntergang beruhigt ins Nachtleben zu stürzen. Nur die Strecken zwischen Restaurant, Hotel und Disko oder Bar sollten Sie nach Einbruch der Dunkelheit im Taxi zurücklegen, zumal die Fahrten innerhalb der Stadt selten mehr kosten als ein paar Tausend Schillinge.

SEHENSWERTES

ALTE BOMA (U C4) (*m* c4)

Der massive Bau aus weiß getünchtem Korallenkalk ist das älteste Gebäude der Stadt. Errichtet wurde es als Gästehaus für den sansibarischen Sultan Madschid, dem Dar seine Existenz verdankt: Als Madschid die Bucht 1862 zum ersten Mal sah, verliebte er sich so sehr in ihre Schönheit, dass er kurz darauf in dem winzigen Fischerdorf, das hier stand, seinen Palast errichten ließ. Mit einem Festbankett ließ er 1867 Dar zur sansibarischen Hauptstadt küren. Doch 1870 starb der Sultan, und die Stadt verfiel, weil Madschids Nachfolger weiterhin auf Sansibar residieren wollte. Prächtigstes Stück der alten Boma, die gleich gegenüber des Fährhafens an der Ecke Morogoro Road/Sokoine Drive steht, ist bis heute die alte *Sansibar-Tür*.

KARIAKOO-MARKT ● (U A4) (*m* a4)

Dars größter afrikanischer Markt ist eine chaotische Angelegenheit: In der wuselnden Menschenmenge, die sich um Stände jeder Art drängt, werden Gemüse und frisches Fleisch, Tücher, Kleidung und auch traditionelle Medikamente verkauft. Einfach in der bunten Menge treiben lassen und Wertgegenstände, Pass und Portemonnaie vorher sicher im Hotel verstauen. *Tgl. | Tandamuti Street*

KIRCHEN (U D4) (*m* d4)

Sieben Jahre nach der Ernennung Dars zur deutschen Kolonialhauptstadt (1898) gebaut, ist die *Lutherische Kirche (Sokoine/Azikiwe Street)* heute frisch restauriert. Dem ersten deutschen Prachtbau folgte vier Jahre später die ein paar Blocks entfernt stehende, gotisch beeinflusste *St.-Josephs-Kathedrale (Sokoine/Bridge Street)*.

MAWAZO GALLERY & ART CAFÉ ● (U C3) (*m* c3)

Hier trifft sich Dars Künstlerszene zum Kaffee, zum Ideenaustausch und zur Präsentation der neuesten Werke. Ein guter Platz, um die neuesten Trends zu erschnuppern und vielleicht ein echtes Kunstwerk zu erstehen. *Mo–Fr 10–17.30, Sa 10–14 Uhr | Upanga Road | Tel. 0784 78 27 70*

MUSEUM AND HOUSE OF CULTURE ● (U E3) (*m* e3)

Das rundum modernisierte ehemalige Nationalmuseum ist unbedingt einen Besuch Wert: von den Schädelfragmenten des *Nussknackermenschen* aus der

Olduvai-Schlucht bis zum Dienstwagen des britischen Königs George V. zeigt das Haus einen Querschnitt durch Tansanias Geschichte, Kunst und Kultur. Eine große Sektion ist der Geschichte von Kilwa Kisiwani *(s. S. 74)* gewidmet. Hinter dem Museum liegt Dars grüne Oase, der *Bota-*

VOGELWANDERUNGEN ●
(U D3) (*d3*)

Wie bunt und vielfältig die Vogelwelt selbst in einer Millionenstadt wie Dar ist, zeigen fachkundige Führer der *Wildlife Conservation Society of Tanzania* jeden zweiten Samstag bei kostenlosen Vogel-

Die Lutherkirche mit ihrem ziegelroten Turmdach ist ein Wahrzeichen von Daressalaam

nische Garten. Tgl. 9.30–18 Uhr | Shaaban Robert Street | Eintritt 6500 TSh

VILLAGE MUSEUM (0) (*J5*)

Herzstück des Freiluft-Museumsdorfes sind 16 nachgebaute Hütten, die einen guten Eindruck von den traditionellen Lebensweisen der verschiedenen Regionen Tansanias vermitteln. Am besten besuchen Sie das Dorf am Wochenende – mittags ab 14 Uhr werden dann traditionelle Tänze aufgeführt. *Tgl. 9.30–18 Uhr | Old Bagamoyo Road (etwa 10 km nördlich der Stadt) | Eintritt 2400 TSh zzgl. 2400 TSh für die Fotoerlaubnis*

wanderungen. Ganz nebenher lernt man kennen, wo Dars grüne Oasen liegen. *Garden Avenue | Tel. 022 2 11 25 18*

ESSEN & TRINKEN

ADDIS IN DAR (0) (*J5*)

Authentischer Äthiopier, bei dem die traditionellen Eintopfgerichte auf dem riesigen, runden Tef-Brot serviert werden. Zum Abschluss gibt es eine Kaffeezeremonie, bei der die Bohnen frisch geröstet und anschließend über Weihrauch bedampft aufgegossen werden. *So geschl. | Ursino Street Msasani | Tel. 0741 26 62 99 | €€*

INSIDER TIPP ▶ CITY GARDEN RESTAURANT (U D3) (*M d3*)

Das schönste Restaurant in der Innenstadt: Tische stehen im Garten verteilt oder im offen gestalteten Lokal, dessen Wände mit Fotos und Kunst geschmückt

Korbflechter auf dem Markt von Dar

sind. Mediterran angehauchte Küche. Eine Spezialität sind die Fleischgerichte des Hauses. *Garden Avenue/Pamba Road | Tel. 022 2 13 42 11 | €€*

MASHUA WATERFRONT ☼
(0) (*M J5*)

Exzellente Fischgerichte, ein sehr guter Service und die große Terrasse mit Meerblick lassen keine Wünsche offen. *Slipway-Shoppingmall | Msasani | Tel. 022 2 60 09 08 | €€*

THE PUB (0) (*M J5*)

Die Kneipe sieht so aus, als habe der Besitzer sie direkt aus London nach Daressalaam gebeamt — nur das Wetter ist besser. Außer frisch gezapftem Bier kann man sich hier seine Burger und Nudelgerichte selbst zusammenstellen. *Slipway-Shoppingmall | Msasani | Tel. 022 2 60 08 93 | €*

TRATTORIA JAN (0) (*M J5*)

Hier gibt es die besten Pizzen der Stadt, außerdem natürlich Pasta und frisch gegrilltes Fleisch. *Kimweri Avenue Msasani | Tel. 0754 28 29 69 | €*

EINKAUFEN

MWENGE-MARKT (0) (*M J5*)

Die größte Auswahl an Makonde-Schnitzereien, von Touristenstücken für wenige Euro bis hin zu Kunstwerken, die vierstellige Beträge wert sind. Besucher können den Schnitzern bei der Arbeit zusehen. Unbedingt handeln! *Sam Njoma Road*

SLIPWAY-SHOPPINGMALL (0) (*M J5*)

Modernes Einkaufszentrum unter freiem Himmel. Hier gibt es bedruckte T-Shirts in sehr guter Qualität (bei *Oneway*). *Novel Idea,* der beste Buchladen der Stadt, hat zahlreiche Bildbände und Landeskundliches vorrätig, vorwiegend in englischer Sprache. *Msasani-Halbinsel*

TINGATINGA ARTS COOPERATIVE
(0) (*M J5*)

Immer noch eine der besten Adressen für Afrikas Antwort auf Pop-Art: Hier verkauft die von Edward Tingatinga inspirierte Künstlerkooperative ihre mit Lack gemalten Bilder. Sie können den Künstlern bei der Arbeit zusehen, die meisten von ihnen sind auch für ein

Gespräch zu haben. Außer den traditionellen Tiermotiven gibt es auch experimentellere Werke. *Tgl. 8.30–17 Uhr | Morogoro Store | Haile Selassie Road | Oyster Bay*

STRAND

OYSTER BAY ★ �▲ (0) (*J5*)

Der der Innenstadt nächstgelegene Strand ist ein wunderbarer Ort, um den Tag an sich vorbeiziehen zu lassen und den Schiffen am Horizont zuzusehen. So entspannt geht es nirgends sonst in Dar zu. Im rustikalen *Coco Beach Club* gibt es außer Bier und frisch Gegrilltem auch einen riesigen Kinderspielplatz. *Am Ostufer der Msasani-Halbinsel | Taxi von der Innenstadt max. 5000 TSh*

SAFARIVERANSTALTER

Daressalaam ist der Ausgangspunkt für Touren auf dem Southern Circuit in die südlichen Nationalparks (Selous, Saadani, Mikumi, Ruaha). Von hier gibt es die besten Anreisemöglichkeiten und entsprechend viel Auswahl und gute Preise. Zu den empfehlenswerten Veranstaltern gehören: *Coastal Travels | Upanga Road | Tel. 022 21 179 59 | www.coastal.cc* (gehört zu den erfahrensten Anbietern in dieser Ecke des Landes und hat eine eigene Fluglinie); *Kearsley Travel & Tours | Indira Ghandi Street | Tel. 022 21 377 13 | www.kearsleys.com* (individuell organisierte Safaris) und *Leopard Tours | Ohio Street (im Mövenpick Royal Palm Hotel) | Tel. 022 21 197 54 | www.leopard-tours.com* (bieten eine Vielzahl von ausgearbeiteten Safarirouten an).

AM ABEND

Das Nachtleben beginnt spät in Dar, oft erst nach elf Uhr abends. Nichts ändert sich so schnell wie die Locations: unbedingt den Portier im Hotel nach den neuesten Tipps fragen!

INSIDER TIPP ▶ CLUB BILICANAS

(U D4) (*d4*)

Einer der ältesten Clubs in Dar in neuer, zentraler Location: sieben Bars, eine VIP-Lounge und edle Tanzflächen mit viel Glas. Dars angesagteste Disko ist den Eintritt von ca. 20 Euro (inkl. Mindestverzehr) definitiv wert. Drinks sind günstig. *Tgl. bis 4 Uhr | Mkwepu Street | Tel. 0788 90 41 69*

Q-BAR (0) (*J5*)

Eine der lebendigsten Kneipen in Dar mit Livemusik freitagabends. Hier feiern die jungen Mittelschicht-Tansanier, in der Stadt lebende Ausländer und

LOW BUDG€T

▶ Das *Luther House Hostel* gleich hinter der Lutherkirche bietet 16 zentral gelegene, saubere Zimmer für 25 Dollar die Nacht – rechtzeitig reservieren! *Tel. 022 2 12 62 47 | e.mailluther@simbanet.net*

▶ Entlang der Kivukoni Front und der Garden Avenue wird am Mittag an zahlreichen Ständen frisch gekocht: *Ugali* (Maisbrei) oder Reis mit Sauce füllen den Magen und kosten nur wenige Hundert Schillinge.

▶ *Dalla-Dallas* fahren zwischen Msasani und der Innenstadt hin und her und kosten dabei ein Zehntel des Taxipreises. Nur empfehlenswert vor Einbruch der Dunkelheit!

Urlauber gemeinsam bis in die frühen Morgenstunden. *Haile Selassie Avenue | Msasani*

SWEET EAZY (0) (*J5*)

Open-Air-Lokal im Obergeschoss der *Oyster-Bay-Shoppingmall*. Außer Livemusik und Getränken gibt es auch preiswerte und sehr gute afrikanische und auch Thaigerichte. *Toure Drive | Oyster Bay*

ÜBERNACHTEN

CORAL BEACH CLUB (0) (*J5*)

Hotelanlage mit Blick aufs Meer und den Yachtclub. Abends dinieren Sie im weitläufigen Garten und in Strandnähe. *50 Zi. | Coral Lane | Msasani | Tel. 022 2 60 19 28 | www.coralbeach-tz.com | €€*

INSIDER TIPP ▶ PROTEA HOTEL OYSTERBAY (0) (*J5*)

Für alle, die es gerne etwas geräumiger mögen: Die Studios sind zweigeschossig mit Bett auf der Empore; dort können Sie ganz gemütlich ausspannen. *48 Zi. | Haile Selassie Road/Ali Hassan Mwinyi Road | Oyster Bay | Tel. 022 2 66 66 65 | www.proteahotels.com/oysterbay | €€*

THE SLIPWAY (0) (*J5*)

Einfache und saubere Zimmer in phantastischer wie praktischer Lage, direkt über dem Einkaufszentrum am Slipway-Anleger: Kneipen, Restaurants und Läden sind nur wenige Minuten entfernt. *20 Zi. | Slipway Shopping Centre | Msasani | Tel. 022 2 60 08 93 | www.slipway.net | €*

Ganz relaxed: An der stadtnahen Oyster Bay entspannen auch die Massai gern

SOUTHERN SUN (U E3) (*ₘ e3*)

Elegantes Businesshotel mitten in der Stadt. Für entspannte Atmosphäre sorgt der *Botanische Garten*, der direkt an den Hof des Hotels anschließt. *152 Zi. | Garden Avenue | Tel. 022 213 75 75 | www.southernsun.co.tz | €€*

INSIDER TIPP ▶ SWISS GARDEN HOTEL (U B1) (*ₘ b1*)

Gemütliche Pension in ruhiger, grüner Vorstadtumgebung unter schweizerischer Leitung. Die Zimmer sind ordentlich, die Preise für Dar unschlagbar günstig. Es lohnt sich, frühzeitig zu reservieren. *13 Zi. | Mindu Street | Upanga | Tel. 022 215 32 19 | www.swisshostel.net | €*

AUSKUNFT

Im *Tourist Information Office* (*(U C4) (ₘ c4) | Mo–Fr 8–16, Sa 8.30–12.30 Uhr | Matasalamat Mansion | Samora Machel Avenue | Tel. 022 213 15 55)* gibt es Stadtpläne und Faltblätter zu Dar und anderen Zielen in Tansania. In den kostenlosen Magazinen „Dar es Salaam Guide" und „What's happening in Dar" finden Sie ein umfassendes, aktuelles Veranstaltungsprogramm und die Anzeigen der neuesten Clubs.

ZIELE IN DER UMGEBUNG

BONGOYO ISLAND (129 E6) (*ₘ J5*)

Anders als an den meisten tansanischen Stränden, wo Schwimmen wegen gefährlicher Riffe nur bei Flut möglich ist, kann man auf der Dar vorgelagerten Insel Bongoyo zu jeder Tageszeit ins Wasser gehen. Die Fischer auf der beliebten Ausflugsinsel bereiten u. a. die besten *fish & chips* des Landes zu. *Boote von der Slipway-Shoppingmall fahren um* 9.30, 11.30, 13.30 und 15.30 Uhr, zurück um 10.30, 12.30 und 14.30 Uhr | Kosten: 22 000 TSh

INSIDER TIPP ▶ KIPEPEO BEACH (U F5) (*ₘ f5*)

Die Küste südlich von Dar ist derzeit der angesagteste Strand mit viel Platz und einigen lokalen Verkaufsständen, an denen frischer Fisch gebraten wird. Um nach Kipepeo zu kommen, nehmen Sie die *Kigamboni-Fähre,* die alle Viertelstunde im Hafen von Dar *(Ocean Road/Kivukoni Front)* ablegt. Das Taxi vom Anleger aus zum rund 8 km entfernten Kipepeo-Strand kostet etwa 25 000 Schillinge. Wer gern gehoben übernachtet, findet 25 km weiter südlich das exklusive ☺ INSIDER TIPP ▶ *Ras Kutani Resort (12 Bandas | Tel. 022 213 48 02 | www.selous.com | €€€).* Die aus Naturmaterialien gebauten Häuser liegen großzügig zwischen Mangroven verteilt an einer paradiesisch anmutenden Lagune.

KUNDUCHI (129 E6) (*ₘ J5*)

35 km nördlich von Daressalaam liegt Kunduchi, wo sich am Wochenende die Bewohner von Dar zum Schnorcheln, Schwimmen oder Sonnenbaden treffen. Das luxuriöse ● *Kunduchi Beach Resort (196 Zi. | Tel. 022 265 00 50 | www.kunduchiresort.com | €€€)* ist das schickste Hotel an diesem Teil der Küste und bietet auch für Nichtgäste ein Spa mit Meerblick, fünf Restaurants sowie eine große Strandbar. Zum Komplex gehört auch der *Wet And Wild Waterpark* mit einigen Wasserrutschen und Spaßpool *(tgl. 8.30–18 Uhr | 7000 TSh)*. Rustikaler ist die *Jangwani Seabreeze Lodge (34 Zi. | Tel. 022 264 72 15 | www.jangwani.com | €€)* – dort holen Sie sich einfach einen Saft und setzen sich damit an den Strand.

KILWA KISIWANI

(133 E4) *(⊞ J7)* Die **INSIDER TIPP kleine Insel**, eine halbe Stunde Fahrt mit einer traditionellen Segel-*Dhow* entfernt, scheint von der Zeit vergessen: die Ruinen einer der einst mächtigsten Städte der Suaheli-Küste stehen hier bis heute unberührt.

Angeblich wurde die Siedlung im Jahr 975 von Hassan bin Ali, dem Sohn des persischen Königs, errichtet. Archäologen haben Münzen gefunden, die Handel mit der 3000 km entfernten Metropole von Simbabwe belegen. Ein *Sultanspalast (Husuni Kubwa)* und die große *Moschee* sind nur einige der beeindruckenden Gebäude, die von der Baukunst der einstigen Bewohner zeugen. Jahrhunderte später erst kamen die Portugiesen, die die *Gereza*, das mächtige Fort der Insel mit integriertem Amphitheater, errichteten. Die Ruinen sind erschlossen, aber meist hat man die Ruinen mit seinem Führer allein.

Übernachten muss man in Kilwa Masoko auf dem Festland, auf der Insel gibt es keine Unterkünfte. Die Fahrt von Dar geht größtenteils über asphaltierte Straße, nur die letzten 100 km sind unbefestigt *(Dauer: ca. 5 Std.)*. Für den Besuch braucht man eine Genehmigung der Verwaltung in Kilwa Masoko, dem Ausgangspunkt zur Insel *(1500 TSh)*. Die Überfahrt kostet ca. 30 000 TSh in einer *Dhow*, das doppelte im einzigen Motorboot. Beide Unterkünfte organisieren Tagestrips für ca. 30 Euro.

ÜBERNACHTEN

KILWA RUINS LODGE

Gemütliche Lodge in traditionellem Design mit Makuti-Dächern, großzügiger Pool und gepflegte Bandas. Die Besitzer organisieren auch Hochseeangel-Trips (die Fanggründe gehören zu den besten Tansanias). *14 Zi. | Tel. 0715 70 30 29 | www.kilwaruinslodge.com | €*

KILWA SEAVIEW RESORT

Bungalows im afrikanischen Stil direkt am Strand mit Bar, wo man den Sonnenuntergang genießen kann; mit Pool. Budget-Urlauber können gegen eine geringe Gebühr ihre Zelte aufschlagen. *10 Zi. | Tel. 078 4 74 88 88 | www.kilwa.net | €*

PANGANI

(129 E4) *(⊞ J4)* Im 19. Jh. der Nabel des Sklaven- und Elefantenhandels, ist Pangani am Ufer des gleichnamigen Flusses heute ein verschlafenes Städtchen. Der Ort (10 000 Ew.) liegt abseits ausgetretener Touristenpfade und punktet mit breiten, weißen Traumstränden.

Außer sonnenbaden und schwimmen können Sie hier schnorcheln, Kajak fahren, mit einem Rad die Umgebung erkunden oder zum Tiefseefischen hinausfahren. Viele Hotels bieten Ausflüge per Boot und per Auto in die nähere Umgebung an. Einziger Nachteil: Die Küstenstraße, die Dar direkt mit Pangani verbindet, ist derzeit unterbrochen. So muss man für die Fahrt von Dar aus über Tanga (gut 500 km) einen langen Tag einplanen – mehr als von Moshi (400 km entfernt).

ÜBERNACHTEN

ARGOVIA TENTED CAMP ☆

Großzügiges Zeltcamp auf einer Klippe über der Mkoma-Bucht, nördlich von Pangani. Deutsche Betreiber. 12

Zelte | Tel. 027 263 00 00 | www. argovia-lodge.com | €

THE TIDES

Relaxen pur an einem der schönsten Strände der Nordküste. Das Resort in Ushongo (südlich von Pangani) ist berühmt für die Meeresfrüchte, von den britischen Betreibern gekonnt zubereitet. 9 Chalets | Tel. 0784 22 58 12 | www. thetideslodge.com | €€

ZIEL IN DER UMGEBUNG

SAADANI NATIONAL PARK ⭐
(129 E5) (𝄞 H4–5)

Einer von Tansanias jüngeren Nationalparks (ca. 1100 km²) liegt zwischen dem Indischen Ozean im Osten und dem Wami-Fluss im Süden. Palmenbestandene Strände wechseln sich mit Akazien und dichtem Busch im Binnenland und Mangroven entlang des Wami ab. Eine Flussfahrt auf dem Wami gehört zu den Highlights in dem einzigartigen Mischbiotop: außer Flusspferden und Krokodilen versammeln sich dort Hunderte von Vogelarten. Trotz seiner geringen Größe leben in Saadani auch Antilopen, Giraffen, Elefanten und Raubkatzen. Einzigartig: Am frühen Morgen können Sie im Sandstrand die Fußspuren der Tiere entdecken – und mit viel Glück sogar im Meer badende Elefanten beobachten.

Eine traumhafte Unterkunft ist die Saadani Safari Lodge (10 Zelte | Tel. 022 2 77 32 94 | www.saadanilodge.com | €€€) mit ihren Räumen aus Segeltuch und Holz. Eine zweite, ebenso luxuriöse Übernachtungsmöglichkeit bietet der Safariveranstalter A Tent With A View (8 Zelte | Tel. 022 2 11 05 07 | www. saadani.com | €€€). Beide Anbieter organisieren außer Bootstouren auch Spaziergänge mit einem bewaffneten Ranger und Kanutrips.

Die Anreise ist am einfachsten von Pangani aus möglich: Von dort führt die Küstenstraße bis zum Parkgate ca. 100 km südlich. Eintritt pro Tag 20 US$

Ein Hippo macht sein Seepferdchen: Flusspferde im Saadani National Park

SANSIBAR

Kaum ein anderer Name in Afrika beflügelt die Phantasie so sehr wie dieser: Sansibar. Das ist der Duft von exotischen Gewürzen; das sind orientalische Basare und der Pomp der Sultane; das ist türkisblaues Meer und das Prickeln von Salz auf sonnengebräunter Haut.

Das Flair dieser Inselgruppe vor der Ostküste Afrikas ist unvergleichlich. Eine jahrhundertealte Mischung aus arabischen, indischen, persischen, afrikanischen und europäischen Einflüssen schlägt sich in Architektur, Kunst, Küche und Mentalität nieder. Händler aus dem Orient segelten schon im 7. Jh. nach Sansibar. Mit dem Volk der Suaheli, die seit Jahrhunderten eine prächtige Zivilisation aufgebaut hatten, handelten sie Gold, Elfenbein, Tierfelle und Gewürze. Damit

und mit dem Verkauf von Sklaven erlangten die Inseln schier unermesslichen Reichtum und einen sagenhaften Ruf.

Sayyid Said, der erste Sultan von Sansibar, prägte den Archipel nachhaltig. Der geschäftstüchtige Herrscher führte intensive Handelsbeziehungen mit Europa. Exotische Gewürze der damaligen Zeit waren meist Sansibar-Importe: etwa Vanille, Pfeffer oder Gewürznelken. Einer der Söhne des Sultans ließ später einen Großteil der Stone Town bauen, Sansibars berühmtes historisches Zentrum auf der Hauptinsel.

Das Reich der Sultane von Sansibar ist längst Vergangenheit, den letzten stürzte man 1964 in einer blutigen Revolte, bei der knapp 20 000 wohlhabende Araber von Aufständischen getötet wurden. Was

Bild: Strand von Mangapwanio auf Sansibar

Palmen, Meer und viel Geschichte: Sansibar ist ein Urlaubsparadies mit Sultanspalästen, Gewürzfeldern und orientalischen Märkten

folgte, war noch in demselben Jahr ein Zusammenschluss mit dem Festland zum Bundesstaat der Republik Tansania mit halbautonomem Status. Die Inselgruppe besteht aus der Hauptinsel Sansibar und der kleineren Insel Pemba. Die Einheimischen nennen die Hauptinsel Sansibar übrigens *Unguja*, um sie von der gleichnamigen Inselhauptstadt sowie von der Inselgruppe zu unterscheiden.

Rund 1 Mio. Menschen wohnen auf den Inseln, darunter Afrikaner, Inder, Perser und Araber. Über 95 Prozent der Bevöl-kerung sind Muslime. Obwohl der auf Sansibar praktizierte Islam als gemäßigt gilt, sollten Touristen sich anpassen. Vor allem in der Stone Town sollten Frauen auf beinfreie und ärmellose Kleidung verzichten. Im Fastenmonat Ramadan ist Essen und Trinken in der Öffentlichkeit tagsüber tabu.

Was immer Sie auf dem Inselarchipel unternehmen wollen: Dreh- und Angelpunkt ist Sansibar-Stadt. Hier werden Sie ankommen, von hier aus starten alle weiteren Touren. Deshalb beginnt dieses

Kapitel – abseits der alphabetischen Reihenfolge – mit der Hauptstadt Sansibars.

SANSIBAR-STADT

✂ KARTE IM HINTEREN UMSCHLAG
(134 A4) *(𝄞 p4)* **Wenn Sansibar-Stadt das Herz des Inselreichs ist, dann ist die Stone Town seine Seele. Ein Spaziergang durch die Steinstadt ist wie eine Zeitreise zurück in die Welt der Sultane und Kalifen.**

In der Hauptstadt Sansibars (200 000 Ew.) konzentrieren sich nahezu alle Sehenswürdigkeiten und Hotels auf die historische Altstadt, die Stone

Blick in den Innenhof des Beit al-Ajaib

CITY WOHIN ZUERST?
Starten Sie Ihren Stadtrundgang vor dem **alten Fort (135 E4)** *(𝄞 t4)*. Das Fort ist ein guter Orientierungspunkt: es liegt zwischen Ozean und Altstadt, deren enge Gassen sich auf der Rückseite entlangziehen. Einige der beliebtesten Sehenswürdigkeiten befinden sich von hier nur wenige Schritte entfernt, ebenso wie Cafés und Restaurants. Wer Ruhe vom Trubel in den Straßen braucht, geht einfach in das Fort hinein.

Town, die am Meer liegt und innerstädtisch an der Creek Road endet. Jenseits dieser Straße (und der Jamhuri Gardens) steht das neue Sansibar, das Touristen nur selten zu Gesicht bekommen: Hier wohnt die Masse der Bevölkerung, unter anderem in realsozialistischen Wohnblocks, die von ostdeutschen Freundschaftsbrigaden in den 1960ern für das Bruderland Tansania gebaut wurden – ein ernüchternder Anblick! Im Norden von Sansibar-Stadt liegt der Hafen, von dem aus die Fähren u. a. nach Daressalaam und nach Pemba verkehren.

Die ★ *Stone Town* selbst ist ein einzigartiges Architekturdenkmal, das zum Weltkulturerbe zählt. Lassen Sie sich beim Besuch ziellos treiben: Mehr als 2000 fast durchgehend weiß gekalkte Steingebäude säumen die Gassen der Altstadt. Achten Sie auf die mit schweren Metallbeschlägen versehenen Haustüren oder Portale, die oft mit Gravuren verziert sind. Traditionell wurden beim Hausbau die Türen als Erstes errichtet: Je größer und je reicher verziert, desto reicher und wichtiger war der Eigentümer. Zitate aus dem Koran und die Symbolik geben weitere Einblicke in das Leben des Erbauers: Eine Dattelpalme etwa steht für Überfluss.

ALTES FORT (135 E4) (*m t4*)

Als Zeichen ihres Siegs über die Portugiesen im Jahr 1698 bauten die omanischen Herrscher diese Trutzburg mit meterdicken Wänden aus Korallenkalk auf den Überresten der letzten portugiesischen Kirche. Heute finden im Innenhof mehrmals wöchentlich Konzerte oder andere Aufführungen statt. Gegen eine Spende können Sie das Fort besichtigen. Dahinter gibt es in den Gassen zahlreiche Souvenirläden (hier muss gehandelt werden). *Mizingani Road*

ANGLIKANISCHE KATHEDRALE
(135 F4) (*m u4*)

Wo heute die imposante Kathedrale mit ihrem zinnenbewehrten Dach und einem der höchsten Türme der Insel steht, befand sich seit dem 18. Jh. Sansibars Sklavenmarkt. Noch im 19. Jh. wurden etwa 600 000 Afrikaner von Stone Town in den Orient verschifft, bis der Sklavenhandel 1873 verboten wurde. Eine Gruppe von Missionaren ergriff die Gelegenheit, kaufte Grund und Boden und begann umgehend mit dem Bau einer Kathedrale. Im ehemaligen Missionsspital gleich neben der Kirche (heute ein Hostel) können die ehemaligen ● *Sklavenkerker* besichtigt werden – eng, dunkel und bedrückend. *Creek Road/Sultan Ahmed Mugheiri Road | Führung (inkl. Kerker) 3500 TSh*

BEIT AL-AJAIB ● (135 E4) (*m t4*)

Mit dem „Haus der Wunder" (so die Übersetzung des Namens) wollte Sultan Barghash sich und seiner Stadt 1883 ein einmaliges Denkmal setzen:

Nicht nur das größte, sondern auch das modernste in ganz Ostafrika sollte es werden. Das gelang ihm, auch dank damals noch weitgehend unbekannter „Wunder": fließendes Wasser, elektrischer Strom und sogar ein Aufzug ließ der Sultan einbauen. Heute beherbergt Beit al-Ajaib das *Museum für die Geschichte und Kultur Sansibars*. *Mo–Sa 9–18 Uhr | Mizingani Road | 3500 TSh*

HAMAMNI (135 E4) (*m t4*)

Die persischen Bäder, angelegt im späten 19. Jh., finden sich mitten in Stone Town und wurden aus den Gewinnen des Sklavenhandels finanziert. Seit 1920

★ **Stone Town**
In den engen Gassen ist alles noch so wie vor Jahrhunderten → S. 78

★ **Tower Top Restaurant**
Den besten Überblick über Stone Town hat man von hier oben → S. 81

★ **Gewürztour**
Sehen, wo der Pfeffer wächst – und wo Sansibars Reichtum herkam → S. 81

★ **Tauchen in Nungwi**
Für Einsteiger und Fortgeschrittene: Die Unterwasserwelt vor der nördlichen Spitze Sansibars ist einfach traumhaft → S. 88

★ **Fundu Lagoon**
Sonnenbaden auf Pemba: In diesem Luxusresort sollten Sie sich eine wohltuende Massage mit Meerblick gönnen → S. 93

MARCO POLO HIGHLIGHTS

sind sie außer Betrieb, doch der gegenüber den Bädern lebende Aufseher kann Besucher herumführen und ein wenig über die Geschichte erzählen. *Nahe der Kajifichenii Street | 2000 TSh*

MARKT (135 F4) (*u4*)

Sansibars größter Markt, *Darajani Market,* ist spätestens ab 9 Uhr früh ein chaotisches Getümmel von Farben, Stimmen und Gerüchen. In den Hauptgebäuden von 1904 werden Fisch und Fleisch verkauft (nichts für sensible Nasen), gleich dahinter sammeln sich die Obst-, Gemüse- und Gewürzhändler. Auch sonst gibt es hier von Socken bis zum Fernseher alles zu kaufen, was der Mensch zum Leben braucht. *Creek Road*

PALAST MUSEUM (135 E3–4) (*t3–4*)

Der ehemalige Sultanspalast *(Beit al-Sahel)* beherbergt heute eine Ausstellung über die Geschichte des Sultanats im 19. und 20. Jh. Das Museum zeigt Prunk und Preziosen der Sultansfamilie, darunter kostbare Möbel und Gemälde. Ein Raum erinnert an Prinzessin Salme (1844–1924), die der Liebe wegen nach Deutschland floh *(s. S. 82).* So, Mo 9–15, Di–Sa 9–18 Uhr | Mizingani Road | 3500 TSh

TIPPU TIPS HAUS (135 D4) (*s4*)

Tippu Tip war in der zweiten Hälfte des 19. Jhs. der reichste Sklavenhändler Ostafrikas. Sein Einfluss reichte bis weit in den Kongo hinein, von wo Karawanen ihn mit Nachschub versorgten. Das Haus legt ein Zeugnis ab von Tips legendärem Reichtum: Das Eingangsportal ist eines der schönsten der Stadt, mit Treppenstufen aus feinstem Marmor. Das Haus ist bewohnt und kann deshalb nur von außen betrachtet werden. *Suicide Alley*

Vitamine frisch vom Baum: ein Obststand auf dem Darajani-Markt

ESSEN & TRINKEN

LA FENICE (135 D5) *(□ s5)*

Pasta mit Blick aufs Meer: Serviert werden erstklassige italienische und Suaheli-Küche, außerdem echt italienisches Eis. Großer Innenhof. *Shangani Road | Tel. 0747 41 18 68 | €€*

INSIDER TIPP FORODHANI GARDENS
(135 D–E4) *(□ s–t4)*

Wenn die Sonne im Indischen Ozean untergeht, verwandelt sich der Park gegenüber des Beit al-Ajaib in ein Labyrinth aus Marktständen, an denen alle Arten von Fleischspießchen, Meeresfrüchten, Pfannkuchen und anderen frisch zubereiteten Leckereien zu kleinen Preisen verkauft werden. *Mizingani Road | €*

LIVINGSTONE BEACH RESTAURANT
(135 D4) *(□ s4)*

Strandrestaurant mit internationaler Küche. Die Tische stehen im Sand nahe dem Bootsanleger. *Kenyatta Road | Tel. 0773 16 49 39 | €€*

TOWER TOP RESTAURANT ★ ☼
(135 E4) *(□ t4)*

Speisen mit Aussicht auf Moscheen, Tempel und Paläste: Das Open-Air-Restaurant bietet einen eindrucksvollen Blick über die Stadt und abwechslungsreiche Menüs. Die Gäste sitzen auf Teppichen und Kissen, dazu spielen lokale Musiker. Hier wird auch das Frühstück für die Gäste des sehr empfehlenswerten Hotels serviert. *Im Hotel 236 Hurumzi | 236 Hurumzi Street | Tel. 0777 42 32 66 | €€€*

EINKAUFEN

MOTO HANDICRAFTS ☺
(135 E4) *(□ t4)*

Körbe, Matten und mehr: Hier verkauft eine Kooperative von Kunsthandwer-

Den Opfern des Sklavenhandels gewidmet: Anglikanische Kathedrale

kerinnen, die fair bezahlt werden, ihre traditionell gefertigten Waren. *Hurumzi Street*

ZANZIBAR GALLERY (135 D4) *(□ s4)*

Sansibars größter Souvenirshop. Die Auswahl ist gut, die Preise sind allerdings hoch. Um die Ecke hat die Gallery einen eigenen Buchladen, den *Gallery Bookshop. Kenyatta Road*

FREIZEIT & SPORT

GEWÜRZTOUR ★ ● ☺ (0) *(□ J5)*

Nelken, Muskatnuss, Pfeffer, Vanille und andere exotische Gewürze machten Sansibar einst reich. Die Ernten wurden in alle Welt verschifft – und

Immer der Nase nach: Der Anbau duftender Gewürze hat auf Sansibar eine lange Tradition

die Plantagen existieren bis heute. Eine Gewürztour, bei der Sie die einzelnen Pflanzen (auch Heil- und andere Nutzpflanzen) kennenlernen, ist ein besonderes Naturerlebnis. Nebenbei erfahren Sie Wissenswertes über das Alltagsleben der Bevölkerung. Die Tour dauert einen halben Tag, Obstbuffet und ein Mittagessen im Suaheli-Stil sind im Preis inbegriffen. Wer mehr Zeit hat, kann auf dem Rückweg die *Sklavenhöhle in Mangapwani* besuchen, die nach Verbot des Sklavenhandels als Versteck genutzt wurde. Zu den besten Anbietern einer Gewürztour gehören *Eco+Culture Sansibar (Hurumzi Street, gegenüber 236 Hurumzi Hotel | Tel. 0777 41 08 73, 0777 46 26 65 | Preis 30 US$)* und *Mitu Tours (Malawi Road, neben dem ehemaligen Ciné Afrique | Tel. 024 2 23 46 36 | Preis ab 15 US$)*.

INSIDER TIPP **MREMBO TRADITIONAL SPA** ● ☺ (135 E4) *(*∭ *t4)*

In diesem Studio, gelegen in einem ehemaligen Antiquitätenladen, gibt es Wellness auf Sansibarisch: aus lokalen Zutaten frisch gemischte Cremes und Pasten (Sie können zusehen), die von ausgebildeten Masseuren sanft einmassiert werden. Neben der Singo genannten Schönheitsbehandlung, die auch sansibarischen Frauen vor der Hochzeit zuteil wird, gibt es Sandmassagen und andere inseltypische Behandlungen. *Cathedral Street | Baghani | Tel. 0777 43 01 17*

INSIDER TIPP **PRINZESSIN-SALME-TOUR** (0) *(*∭ *J5)*

Niemand hat auf Sansibar je für einen solchen Eklat gesorgt wie Prinzessin Salme: Die Tochter des Sultans verlor ihr

Herz an den deutschen Kaufmann Heinrich Ruete und floh im Alter von 22 Jahren mit ihm nach Deutschland. So groß war die Aufregung, dass Großbritannien vorsorglich ein Kriegsschiff nach Sansibar verlegte. In Deutschland hatte Salme unter dem bürgerlichen Namen Emily Ruete drei Kinder, sie starb 1924 in Jena. Eine liebevoll gestaltete Tour, organisiert vom *Mtoni Marine Hotel (Tel. 024 2 25 01 40 | www.mtoni.com)*, zeichnet die ersten Lebensjahre der Prinzessin nach – von den Ruinen des Palasts in Mtoni, wo sie geboren wurde, über das Haus von Salmes Cousine bis zu einer Gewürzfarm. Hier endet die Führung mit einer Gewürztour. Die auf Deutsch geschriebenen Memoiren Salmes sind überall auf Sansibar erhältlich.

AM ABEND

CULTURE MUSICAL CLUB ●
(135 D–E4) (*ⓜ s–t4*)
Im Clubhaus des gleichnamigen Taarab-Orchesters üben wochentäglich ab 18.30 Uhr das Orchester und andere Bands – wer zuhören möchte, ist herzlich willkommen. *Vuga Road | Shangani*

DHARMA LOUNGE (135 D4) (*ⓜ s4*)
Leckere Cocktails, gute Musik und eine stets volle Tanzfläche machen die Lounge zum derzeit angesagtesten Partyplatz auf der Insel. *Vuga Road | Shangani*

MERCURY'S (135 E–F3) (*ⓜ t–u3*)
Strandkneipe mit Pizzeria, im Gedenken an Freddie Mercury eingerichtet. Der Queen-Sänger wurde am 5. September 1946 als Faroukh Bulsara auf Sansibar geboren. Als er acht war, floh seine Familie nach England; der wohl berühmteste Sohn der Insel kehrte nie zurück. *Tgl. ab 9.30 Uhr | Mizingani Road*

ÜBERNACHTEN

AFRICA HOUSE (135 D5) (*ⓜ s5*)
Früher logierte hier der „British Club". Inzwischen ist das 1888 eröffnete Haus ein (frisch renoviertes) Hotel, das seinen Kolonialstil pflegt. Die wundervolle ☼ Balkonbar mit Blick aufs Meer ist Sansibars schönster Platz für einen *Sundowner. 15 Zi. | Suicide Alley | Tel. 0744 43 23 40 | www.africahousehotel. com | €€€*

CLOVE HOTEL ☼ (135 E4) (*ⓜ t4*)
Das wundervoll restaurierte Wohnhaus liegt im Herzen von Stone Town. Von der großzügigen Dachterrasse, auf der das Frühstück serviert wird, reicht der Blick über das Gewirr der Steinstadt bis hinüber zum Meer. *8 Zi. | Hurumzi Street | Tel. 0777 48 45 67 | www. zanzibarhotel.nl | €*

INSIDER TIPP ▶ EMERSON SPICE
(135 E4) (*ⓜ t4*)
Wie sein Vorbild, das Hotel *236 Hurumzi*, ist auch das neueste Projekt von Designpapst Emerson Skeens ein denkmalgeschütztes Haus, das mit Antiquitäten, bunten Scheiben und Wandmalereien zu einem einzigartigen Ort transformiert worden ist. *6 Zi. | Tharia Street | Tel. 0775 04 63 95 | www.emersonspice. com | €€€*

ZANZIBAR COFFEEHOUSE HOTEL
(135 F4) (*ⓜ u4*)
Gemütliches Hotel in einem Haus im arabischen Stil von 1885 mit sieben sehr stilvoll eingerichteten Zimmern. Frühstück servieren die Schweizer Eigentümer auf dem Dach, im Erdgeschoss ist ein Café untergebracht. *Mkunazini Street | Tel. 024 2 23 93 19, mobil 0773 06 15 32 | www.riftvalley-zanzibar.com | €€*

ZIELE IN DER UMGEBUNG

CHANGUU ISLAND ● (134 A4) *(𝄞 p4)*
Der schmale, nur ein paar hundert Meter lange Inselstreifen vor der Küste Stone Towns wird auch Gefängnisinsel *(Prison Island)* genannt, nach einer von den Briten errichteten Haftanstalt, die

INSIDERTIPP ▸ CHUMBE ISLAND
(134 A5) *(𝄞 p5)*
Weil die Insel lange Sperrgebiet war und das nahe Riff als Nationalpark geschützt wurde, ist es das einzige Atoll auf dieser Seite der Insel, das noch nicht leer gefischt oder zerstört ist. Hier leben neben 60 Vogelarten auch gigantische, rot

Ein grün-weißes Paradies mitten im Indischen Ozean: Mafia Island

nie benutzt wurde. Attraktion der Insel ist neben dem Strand eine ☺ geschützte Kolonie von Riesenschildkröten, die bis zu 200 Kilo schwer werden. Neben dem „Gefängnis" gibt es ein kleines Restaurant *(€)*. Das *Changuu Island Private Paradise (Tel. 0786 30 16 62 | www. privateislands-zanzibar.com | €€€)* besteht aus 15 liebevoll gestalteten Hütten, die über die Insel verteilt sind. Bootstouren nach Changuu *(Überfahrt 20 Min.)* organisiert jedes Hotel in Stone Town.

leuchtende Krebse, genannt „Palmendiebe". Die Tiere, die eine Spannweite von einem Meter erreichen können, klettern an Palmen hoch, um die Kokosnüsse in den Wipfeln zu knacken.
Die von einer Deutschen geführte ☺ *Chumbe Island Lodge (7 Zi. | Tel. 024 2 23 10 40 | www.chumbeisland.com | €€€)* ist ein romantischer verwunschener Ort; ein Ökocamp, in dem Regenwasser verwertet und Sonnenenergie genutzt wird. Die Hütten sind wunderbar offen – genau richtig für eine Trauminsel. *Zwi-*

*schen Mitte April und Mitte Juni geschl. |
Anfahrt mit dem Boot von Stone Town*

INSIDER TIPP ▶ MAFIA ISLAND
(133 E–F3) (*ill J6*)

Kokospalmen, Cashewhaine, azurblaues Wasser und weiße Sandbänke: Erstaunlich, dass die 20 km lange und 8 km breite Insel bis heute ein Geheimtipp geblieben ist. Von Mafia lernen Besucher meist die robinsonartigen Unterkünfte im Luxussegment kennen, die sich um die phantastischen Strände rund um *Chole Bay* sammeln. Das Inselinnere ist hingegen touristisch kaum erschlossen. Zu den ungewöhnlichsten Strandunterkünften auf Mafia zählt *Chole Mjini (7 Zi. | Tel. 0784 52 07 99 | www. cholemjini.com | €€€)* – hier schlafen Sie im Baumhaus, und statt Strom gibt es Paraffinlampen.

Mafia ist mit dem Flugzeug von Sansibar-Stadt aus erreichbar. Flugverbindungen bestehen außerdem von Daressalaam, von den Safarirouten im Norden und dem Nationalpark Ruaha. Regulären Schiffsverkehr gibt es keinen.

MATEMWE & UMGEBUNG

(134 B2) (*ill q2*) **Die Strände zwischen Nungwi im Norden und den Mangrovenwäldern von Chwaka im Süden gehören zu den schönsten der Insel. Bei Ebbe zieht sich das kristallklare Meer oft weit zurück. Dann können Sie bis zum Riff hinauslaufen.**

Der Strand von Matemwe liegt mittendrin im Paradies: Kein Wunder, dass sich hier und an den umliegenden Stränden die besten (und teuersten) Hotels der Insel sammeln. Günstige Unterkünfte sind selten. Wer an diesem Abschnitt

der nördlichen Ostküste Urlaub macht, wählt in der Regel ein Resort als Basis: Restaurants, Sehenswürdigkeiten oder von Hotels unabhängige Infrastruktur gibt es rund um Matemwe kaum.

ÜBERNACHTEN

KEYS BUNGALOWS
Die einfachen und liebevoll gestalteten Bungalows stehen in einem üppigen Garten. An der dazugehörigen Strandbar, einer umgebauten *Dhow*, wird entspannter Reggae gespielt und warmes Bier serviert. Der sympathische Besitzer vermietet auch günstig Autos und Motorräder. *4 Zi. | Tel. 0777 411 97 | www. allykeys.com | €*

MATEMWE LODGE ☆
Die weiß gekalkten Cottages liegen auf einem Kliff über dem Meer, bei schönem Wetter reicht der Blick bis nach Mnemba

LOW BUDGET

▶ Nichts schlägt auf Sansibar so sehr aufs Portemonnaie wie Unterkünfte. Im *Haven Guest House (Stone Town, nahe Soko Muhogo Street | Tel. 024 2 23 56 77)* können Sie schon für 15 000 Schillinge in einem der einfachen Zimmer übernachten.

▶ *Dalla-Dallas* sind auf Sansibar im Regelfall besser in Schuss als auf dem Festland. Wer am Transport sparen will, kann vom *Darajani-Busbahnhof (Creek Road | Stone Town)* für ein paar Tausend Schillinge praktisch alle Ziele auf der Insel erreichen.

Island. Individuelle Einrichtung, toller Service und viele Freizeitangebote, u. a. zwei eigene *Dhows* für Segeltouren. *12 Zi. | Tel. 0777 41 48 34 | www.asiliaafrica. com | €€€*

STRÄNDE

Wer auf der Küstenstraße von Matemwe nach Süden fährt, erreicht einen Traumstrand nach dem anderen – aufgereiht wie auf einer Perlenkette.

KIWENGWA

Der südlich von Pwani Mchangani gelegene Strand ist in der Hand italienischer Pauschaltouristen in ihren Resorts. Die Küste macht das nicht weniger atemberaubend, und außerhalb der Anlagen geht das Leben seinen normalen Gang. Ein Highlight ist das ☀ *Shooting Star (16 Zi. | Tel. 0777 41 41 66 | shootingstarlodge. com | €€€)*, zu Recht ein Lieblingsplatz von Hochzeitsreisenden: So romantische Hütten wie diese auf einem Kliff mit weitem Blick über den Strand von Kiwengwa finden Sie kaum irgendwo sonst.

PONGWE

Entlang einer sanft geschwungenen Bucht (gut 10 km südlich von Kiwenga) liegt der Strand dieses kleinen Fischerdorfs, in dem Touristen noch eine Nebenrolle spielen. Das INSIDER TIPP *Pongwe Beach Hotel (16 Zi. | Tel. 0784 33 61 81 | www.pongwe.com | €€)* ist umgeben von Palmen, zwischen denen Hängematten am Strand baumeln (mit Pool). Die eigene *Dhow* bringt Urlauber bis zum nahen Riff.

PWANI MCHANGANI

An diesem Strandabschnitt wenige Kilometer südlich von Matemwe sammeln Frauen und Kinder zwischen Dezember und Februar in den Fluten das Seegras, das dann massenhaft angespült wird. Die Männer fischen und verkaufen ihre Ausbeute auf dem größten Fischmarkt der Region: Der Strand steht im Mittelpunkt des Lebens. Perfekter Aufenthaltsort ist die INSIDER TIPP *Mchanga Beach Lodge (8 Zi. | Tel. 0773 56 98 21 | www.mchangabeachlodge.com | €€€)*: deutsch-amerikanische Leitung, liebevoll gestaltete Zimmer und Suiten, guter Service, Tauchzentrum in der Nähe.

NUNGWI

(134 B1) (𝑚 q1) Das Fischerdorf an der Nordspitze Sansibars verdankt seine Beliebtheit dem atemberaubenden Strand. Hier wird – für sansibarische Verhältnisse – laut und ausgelassen gefeiert.

Einfache Strandbars, günstige Hostels und Reggae beherrschen die Atmosphäre am westlich des Dorfs gelegenen *West Beach* und dem sich südlich anschließenden *South Beach*. Tagsüber bieten Frauen an dem schmalen, aber dennoch traumhaft weißen Strand Hennamalereien, Zopfflechten und Massagen an. Anders als an der Ostküste hält sich der Tidenhub hier in Grenzen: Man kann zu jeder Tageszeit vom Ufer aus losschwimmen. Für Schnorchler, Taucher und Hochseeangler ist Nungwi eine beliebte Basis.

Lange bevor die Touristen kamen, war der Ort hauptsächlich als Zentrum der *Dhow*-Fertigung bekannt. Gebaut wird heute immer noch: Am Dorfstrand können Sie den INSIDER TIPP Bootsbauern bei der Arbeit zusehen und die traditionellen Schiffe in ihren unterschiedlichen Stadien – vom Holzskelett bis zum fertigen Schiff – bewundern. *Dalla-Dallas verbinden Stone Town und Nungwi | Fahrtzeit ca. 2 Std. | Preis 2000 TSh*

SEHENSWERTES

MNARANI NATURAL AQUARIUM ☺

Im nicht weit vom Leuchtturm angelegten Becken, in das bei Flut Meerwasser schwappt, leben Meeresschildkröten als Teil eines Schutzprogramms. Bis Anfang der 1990er wurden die bedrohten Tiere noch gejagt – jetzt markieren und bewachen Dorfbewohner die Stellen am Strand, an denen die Schildkröten ihre Eier ablegt haben. Im naturbelassenen

ESSEN & TRINKEN

FAT FISH RESTAURANT

Frisch gefangener Fisch, der ganz nach Ihren Wünschen zubereitet wird, ersetzt die Karte in diesem gemütlichen Strandlokal mit großer Terrasse. *South Beach* | €

MARHABA RESTAURANT

Hier gibt es den besten Cappuccino von Nungwi, zusammen mit ausgiebigem

In Nungwi wissen die Bootsbauer noch, wie man einen Kiel ohne Nägel fertigt

Aquarium werden die geschlüpften Jungtiere aufgezogen, bis sie zehn Monate alt sind und ins Meer gelassen werden können – das steigert ihre Überlebenschancen deutlich. *Tgl. 9–18 Uhr | 2500 TSh*

Frühstück oder Kuchen. Abends wandelt sich das Café in ein Restaurant mit Suaheli-Küche. Von der großzügigen Holzterrasse genießt man den Seeblick. Kein Alkohol. *West Beach, nahe Langi Langi* | €€

SUNSET RESTAURANT

Fisch und Meeresfrüchte unter einem großen Strohdach direkt am Strand. Einer der wenigen Plätze mit einer Weinkarte. *South Beach, nahe Baobab Beach Bungalows | €*

Exkursionen an, etwa zum herrlichen *Korallenatoll Mnemba* vor Sansibars Ostküste. Das *East Africa Diving & Watersport Centre (West Beach | Tel. 0777 41 64 25 | www.diving-zanzibar.com)* ist die älteste Tauchschule vor Ort und hat

Beim Tauchen in Nungwi schauen auch mal Delphine vorbei

FREIZEIT & SPORT

Die türkis leuchtenden Fluten rund um die nördliche Landspitze von Nungwi laden selbst Sportmuffel ein, sich im Wasser zu vergnügen. Wer lieber trocken bleibt, kann mit einem Kanu die Strände an der Westküste erforschen. *Adam's Canoe Rentals (nahe Union Bungalows | Tel. 0754 94 95 78)* verleiht geeignete Kanus für 10 Dollar pro Person und halben Tag. Auch Segeln und Hochseefischen sind möglich.

TAUCHEN IN NUNGWI ★ ●

Zahlreiche Tauchschulen in Nungwi vermieten Equipment und bieten Kurse und

einen exzellenten Ruf. Alternativ bietet auch *Zanzibar Watersports (Paradise Beach Bungalows | Tel. 0773 16 58 62 | www.zanzibarwatersports.com)* das volle Programm. Beide Schulen sind PADI-zertifiziert.

AM ABEND

CHOLO'S BAR

Hier gibt es (Reggae-)Musik und Bier unter Palmen, und zwar rund um die Uhr. Abgesehen davon, dass immer gefeiert wird, ist wenig vorhersagbar. Mal wird spontan gegrillt, oft werden nach Sonnenuntergang große Feuer angezündet. *West Beach*

ÜBERNACHTEN

FLAME TREE COTTAGES

Familiär: In den Zimmern und Cottages des britisch-sansibarischen Besitzerpaars fühlt man sich wie zu Hause. Im Garten sind Hängematten verteilt, und wer möchte, kann mit dem Boot zum Schnorcheln fahren. *13 Zi. | West Beach, am Dorfrand | Tel. 024 2 24 01 00 | www.flametreecottages.com | €€*

INSIDER TIPP LANGI LANGI BEACH BUNGALOWS

Preisgünstige, traditionell sansibarisch eingerichtete Hütten direkt am Strand mit Pool, Garten und Tauchschule. *14 Zi. | West Beach | Tel. 024 2 24 04 70 | www.langilangizanzibar.com | €*

MNARANI BEACH COTTAGES

Mnarani bedeutet auf Suaheli so viel wie „neben dem Leuchtturm". Und genau dort (neben einem weißen Traumstrand) stehen die Cottages und Häuser in einem tropischen Garten. Am ruhigeren Ostufer von Nungwi gelegen, ist Mnarani Beach der ideale Platz zum Ausspannen. *37 Zi. | Tel. 024 2 24 04 94 | www.lighthousezanzibar.com | €€*

RAS NUNGWI BEACH HOTEL

Entspanntes Resort am südlichen Ende von Nungwis Ostküste: himmlisch eingerichtete Cottages, Sonnendeck am Strand und Spa. Angeboten werden eigene Schiffstouren, erstklassige Tauchschule und Hochseeangeln. *32 Zi. | Tel. 024 2 23 37 67 | www.rasnungwi.com | €€€*

ZIEL IN DER UMGEBUNG

KENDWA (134 B2) (*ſ∩ q2*)

Der weiße Strand von Kendwa (4 km südlich von Nungwi) bietet vor allem eines: viel Ruhe. Von Nungwi aus erreicht man ihn (bei Niedrigwasser) zu Fuß oder mit dem Boot. Wer länger bleiben will: Das INSIDER TIPP *Kendwa Rocks Resort (35 Zi. | Tel. 0777 4154 75 | www.kendwarocks.com | €)* ist eine entspannte Ansammlung von Bungalows am Strand.

PAJE

(134 C5) (*ſ∩ r5*) Der Ort (3500 Ew.) ist 52 km von Stone Town entfernt und das Zentrum der südlichen Ostküste.

Wie an den Stränden weiter nördlich, bestimmen auch hier die Gezeiten, wann man strandnah schwimmen kann. Seinen früheren Ruf als Backpacker-Ort hat Paje abgelegt: Heute geht es zwischen den Kokosnusspalmen deutlich ruhiger zu als noch vor zehn Jahren.

STRÄNDE

BWEJUU

Lang gezogener, von Palmen beschatteter Strand mit weißem Pulversand nördlich von Paje. Die meisten der Resorts, die sich hier aneinanderreihen, verleihen Fahrräder, mit denen man entlegenere Strandabschnitte erreichen kann. Das *Breezes (70 Zi. | Tel. 0774 44 08 83 | www.breezes-zanzibar.com | €€€)* ist eine der größeren Anlagen der Insel mit weißen Villen in einem ausladenden Garten, Tauchschule und Spa. *Robinson's Place (5 Zi. | Tel. 0777 41 34 79 | www.robinsonsplace.net | €)* bietet romantische kleine Hütten direkt am Strand.

KAE

Strand (auch *Pingwe* genannt) am nördlichsten Ende der Halbinsel. Bis jetzt haben die Resorts dieses Kleinod – der

Eine Stummelaffenfamilie im Nationalpark von Jozani-Chwaka Bay

Sand ist so weich wie Neuschnee – noch nicht erreicht.

FREIZEIT & SPORT

Das nahe Riff macht Paje und Umgebung zu einem ● perfekten Tauchgebiet für Anfänger: Fast alle Tauchschulen bieten eintägige *fun dives* für Anfänger an, damit man ein Gefühl für den Sport bekommt. Renommierte Tauchschulen sind das *Paje Dive Centre* im Arabian Nights Hotel *(Tel. 024 2 24 01 90)* und das *SAU Inn Diving Centre* weiter südlich in Jambiani *(Tel. 0773 20 96 76)*.

AM ABEND

PAJE BY NIGHT

Atmosphärische Open-Air-Bar mit alternativem Charme: Überall stehen Sofas herum und neben dem Billardtisch Kerzenleuchter. Serviert wird Pizza aus dem Ofen und kaltes Bier. Wer hier versackt, kann auch in einem der einfachen Räume übernachten. *Main Road | Tel. 0777 46 07 10 | www.pajebynight.net*

ÜBERNACHTEN

HAKUNA MAJIWE LODGE

Komfortabel ausgestattete Bungalows, von denen jeder Zweite Blick aufs Meer hat. Große Sonnenschirme aus Stroh spenden Schatten am Strand. Gute italienische Küche. *20 Bungalows | Tel. 0777 45 45 05 | www.hakunamajiwe.net | €€€*

KITETE LODGE

Neue Villen mit Meerblick und großzügigen Zimmern. Im angeschlossenen Galawa-Restaurant wird frischer Hummer serviert. *21 Zi. | Tel. 024 2 24 02 26, mobil 0777 47 51 04 | www.kitetebeach.com | €€*

PARADISE BEACH BUNGALOWS

Einfache, von Japanern betriebene Bungalows in Strandnähe. Das Restaurant serviert günstige und gute Menüs (auch Sushi und andere japanische Gerichte). Außer Trips mit dem Segelboot werden auch Fahrräder zum Verleih angeboten. *10 Bungalows | Tel. 0777 41 41 29 | €*

ZIELE IN DER UMGEBUNG

JAMBIANI (134 C5) (*ⓜ r5*)

Anders als in den Touristenorten haben die Bewohner dieser Straßensiedlung südlich von Paje ein Zusammengehörigkeitsgefühl entwickelt und arbeiten daran, dass es der Gemeinde im Ganzen besser geht. ☺ **INSIDER TIPP** *Eco + Culture Jambiani (Tel. 0777 46 91 18 | www.ecoculture-zanzibar.org)* bietet

Touren an, die Besuchern die Alltagsseiten der Insel zeigen: ein Treffen mit dem *Mganga,* dem traditionellen Heiler, oder auch eine Kochstunde mit den Frauen des Dorfes. Führer Kassim Mande und seine Kollegen haben ideenreiche Programme zusammengestellt. Die Einkünfte aus den Touren fließen in die Dorfkasse und finanzieren Gemeinschaftsausgaben, etwa einen neuen Kindergarten.

Das authentisch gestaltete **INSIDER TIPP** *Blue Oyster Hotel (13 Zi. | Tel. 024 2 24 01 63 | www.zanzibar.de | €)* unter Leitung eines Westfalen ist das passende Hotel an diesem ursprünglichen, sympathischen Ort. Im Restaurant mit Kuppeldach und großer Terrasse mit Meerblick gibt es fantastisch frische Fischgerichte.

JOZANI-CHWAKA BAY NATIONAL PARK
(134 B–C 4–5) (*⁂ q–r 4–5*)

In diesem letzten tropischen Urwald der Insel kann man erahnen, wie das Binnenland Sansibars einmal aussah: grün und dicht bewaldet. Nach Jahrzehnten kommerzieller Abholzung ist davon leider nicht mehr viel übrig geblieben. Forscher vermuten, dass im Park mehrere endemische Tierarten leben, wie etwa der Rotkopf-Guereza und andere Affenarten. Daneben leben auf dem Areal an die 40 Vogelarten, kleine Antilopen und Buschschweine. Ein Knüppelsteg führt durch die dichten Mangrovenwälder, so dass Sie dieses einzigartige Habitat, das bei Flut unter Wasser steht, von oben beobachten können. *Tgl. 7.30–17 Uhr | Eintritt inkl. einer geführten Tour 10 US$*

PEMBA

(129 F4–5) (*⁂ J4*) **Sansibars 50 km entfernter Nachbar (360 000 Ew.) wird auch die „Grüne Insel" gennant. Denn wo keine Bäume stehen, erstrecken sich Plantagen: Die meisten von Sansibar**

Robinson Crusoe hat sein Boot vergessen: einsamer Strand auf der Insel Pemba

exportierten Gewürznelken stammen von Pemba.

Der Tourismus ist hier noch jung, es gibt kaum Unterkünfte und praktisch keine Restaurants. Besucher werden höflich empfangen, solange sie sich an die geltenden Regeln halten: Der Islam wird auf der Insel strikter ausgelegt als auf Sansibar. Auch deshalb konzentriert sich der Strandtourismus auf die wenigen Lodges. Gleichzeitig ist die Insel seit jeher für ihre Voodoo- und traditionellen Heiler berühmt: Aus ganz Ostafrika kommen Kranke und bitten um Hilfe. Westliche Besucher bekommen davon allerdings in aller Regel nichts mit.

Dass die Insel vor Jahrhunderten eine bedeutende Rolle gespielt haben muss, belegen zahlreiche Ruinen von Moscheen und Befestigungsanlagen, Häusern und Grabstätten, die Sie bei einer Fahrt über die Insel entdecken können. Die historische Bedeutung dieser Bauten ist aber längst in Vergessenheit geraten.

Von Sansibar aus fahren unregelmäßig Schiffe zur Hafenstadt *Mkoani*, die Fahrt dauert mindestens acht Stunden *(Informationen im Hafen von Sansibar)*. Einfacher ist der 20-minütige Flug *(mehrmals täglich)* nach *Chake Chake*: Die Propellermaschinen fliegen Pembas Inselhauptstadt so tief an, dass man eine phantastische Sicht auf die Riffwelt unter sich hat. Chake Chake (40 000 Ew.) selbst ist eine lebhafte Stadt, gelegen an einer malerischen Bucht. Hier ist

Willkommen im Paradies: das Luxusresort Fundu Lodge im Süden von Pemba

die historische Bedeutung Pembas noch am ehesten sichtbar – z.B. bei einem Besuch des *alten Forts* aus dem 18. Jh. am Fischereihafen oder in der *historischen Altstadt*.

SEHENSWERTES

KIGOMASHA

Die meisten Urlauber kommen zur Halbinsel Kigomasha im Nordwesten der Insel, um am herrlichen *Vumawimbi Beach* zu relaxen. Der vielleicht schönste Strand von Pemba zieht sich über Kilometer entlang eines dichten Waldstreifens. Fischer fahren von hier mit ihren Auslegerbooten raus aufs Meer. Das nächste Hotel ist das wenige Kilometer östlich gelegene *Manta*

Resort (10 Zi. | Tel. 0776 71 88 52 | www. themantaresort.com | €€€), das auch eine eigene Tauchschule unterhält.

NGEZI FOREST RESERVE

Die gut 2 km lange Wanderung durch den letzten verbliebenen Urwald auf der Ngezi-Halbinsel im äußersten Norden Pembas lohnt sich besonders am Abend oder bei Nacht: Dann sind Fledermäuse und Eulen aktiv. Aber auch am Tag gibt es im Waldreservat Vögel und andere Tiere zu beobachten, die hilfreichen Ranger (nicht alle sprechen Englisch) sparen nicht mit Informationen. Nachtbesuche vorab arrangieren. *Tourpreise je nach Dauer 5000–10 000 TSh*

INSIDER TIPP STIERKÄMPFE

Wenn die Ernte eingeholt ist und die Regenzeit noch auf sich warten lässt, werden aus den einheimischen Bauern Matadore, die sich mutig einem Stierkampf stellen – offenbar ein Erbe der portugiesischen Besatzer im 16. Jh. Der Stier wird am Ende nicht getötet, sondern mit Blumen dekoriert. Zwischen August und November ist Hauptsaison. Genaue Daten und Orte erfahren Sie in Ihrem Hotel.

ÜBERNACHTEN

FUNDU LAGOON ★ ●

Das Resort im Süden der Insel erfüllt alle Ansprüche an einen luxuriösen Urlaub der Extraklasse. Einsam gelegen mit erstklassig ausgestatteten Zelten, ein umfangreiches Freizeitprogramm mit Tauchen, Schnorcheln und Bootstouren, dazu einen eigenem Strand und auch Massagen mit Meerblick werden von Nicht-Gästen angeboten. *16 Zi. | nahe Mkoani | Tel. 024 2 23 29 26 | www. fundulagoon.com | €€€*

AUSFLÜGE & TOUREN

Die Touren sind im Reiseatlas, in der Faltkarte und auf dem hinteren Umschlag grün markiert

1

SELOUS: UNTERWEGS IN AFRIKAS GRÖSSTEM WILDRESERVAT

Fast vier Mal so groß wie die Serengeti, leben im Reservat mehr als 1 Mio. Wildtiere: Selous (sprich „Selu") bietet ungestörte Naturbeobachtungen in einer einzigartigen Landschaft. Bei diesem Mehrtagesausflug durchstreifen Sie die Wildnis mit dem Auto und zu Fuß.

Aus der Luft zeigt sich Selous in seiner ganzen endlosen Weite: Das Grün der Wälder leuchtet bis zum Horizont und wird nur vom schlammigen Braun des Rufiji-Flusses unterbrochen. Auf der riesigen Fläche von 45 000 km² leben Hunderttausende Büffel, Zehntausende Elefanten und Tausende Löwen neben anderswo längst ausgestorbenen Antilopenarten und Rhinozerossen.

Am einfachsten erreichen Sie das Reservat von Daressalaam oder Sansibar aus mit dem Flugzeug. Die Airlines Coastal und Zanair setzen täglich Propellermaschinen ein, die den etwa einstündigen Flug bis fast vor die Haustür einer der Lodges zurücklegen. Als Einziges von Tansanias Reservaten ist Selous zudem auch mit dem Zug erreichbar (Tazara-Railway bis Kinyanguru, Fuga oder Matambwe). Ein besonderes Erlebnis ist die <mark>INSIDER TIPP</mark> **Anreise mit der Dampflok** des *Safari Express (unregelmäßige Fahrzeiten | 180 US$ hin und zurück | Foxes African Safaris | Tel. 0784 23 74 22 | www.safariexpress.info)*. Ab-

---

Bild: Gombe Stream National Park

Krokodile, Veilchen und Schimpansen: Jenseits ausgetretener Pfade wartet Tansanias Wildnis auch unerwartet anders auf

fahrt ist vom Tazara-Bahnhof (*Daressalaam | Nyerere/Nelson Mandela Road | Tel. 022 2 86 51 87 | www.tazara.co.tz*). Wer von **Dar → S. 67** aus mit dem Auto anreist (wegen der schlechten Straßenverhältnisse dauert das bis zu 12 Stunden), sollte einen Zwischenstopp im **Mikumi National Park** einlegen (*Eintritt 20 US$*). Durch die Grassavanne und die Überschwemmungsgebiete des Mkata-Flusses ziehen hier große Zebra-, Gnu- und Antilopenherden. In **Fox's Safari Camp** übernachten Sie in Luxus

zelten, bevor es am nächsten Tag nach Selous weitergeht (*12 Zelte | Tel. 023 2 44 01 94 | www.tanzaniasafaris.info | €€€*).

Einmal im **Selous Game Reserve** angekommen (*Eintritt 50 US$ pro Tag*), führt die erste Tour ans Wasser. Ein guter Ausgangspunkt ist das **Rufiji River Camp**. Die älteste Lodge des Reservats liegt auf einem Kliff direkt über dem Fluss (*20 Zelte | Tel. 0784 23 74 22 | www. rufijirivercamp.com | €€€*). Vom Anleger unterhalb des Camps fahren Sie mit

Booten direkt hinein ins Naturparadies: Auf den Sandbänken entspannen sich Flusspferde, am Ufer gähnen Krokodile, und Elefanten ziehen an den Zelten vorbei. Lange Uferstrecken sind mit Mangroven bewachsen – ein Anblick, wie es ihn kaum noch in Afrika gibt.

Am nächsten Morgen können Sie den Park erkunden: Alle Unterkünfte bieten *game drives* oder *game walks* (Ausflüge motorisiert oder zu Fuß) an, die meist schon im Preis inbegriffen sind. Giraffen, Büffel oder Elefanten sind leicht zu entdecken, wer nach Löwen Ausschau hält, muss ein wenig Geduld mitbringen. Doch das eigentliche Pfund, mit dem Selous wuchert, ist seine Einsamkeit. Anders als etwa in der Serengeti trifft man hier nur selten auf andere Safarigruppen. Wer ganz tief in die Wildnis vordringen will, bucht ein *flycamp* – ein mobiles Zeltcamp – und verbringt eine Nacht mitten im Busch unter dem Sternenhimmel.

Um die Vielfalt des Reservats zu erleben, lohnt es sich, die Nächte in verschiedenen Lodges zu verbringen. Nach Absprache wird man Sie problemlos mit dem Jeep in Ihrer alten Lodge abholen. Schon in der Hügellandschaft rund um die **Sable Mountain-Lodge** *(13 Zi. | Tel. 022 2 11 05 07 | www.selouslodge.com | €€€)* sieht der Park wieder ganz anders aus. Tipp: Zwischen Dezember und Mai versammeln sich hier die seltenen Säbelantilopen. Ein romantischer Rückzugsort ist ● 🌿 **The Retreat** *(12 Zi. | Tel. 0787 01 36 66 | www.retreat-africa. com | €€€)*, das die Schweizerin Uma Grob mitten in der Wildnis errichtet hat. Von der hölzernen Terrasse mit Pool hat man einen Panorama-Blick auf den Ruaha-Fluss. Die Zelte sind im afrikanischen Stil mit orientalischen Tupfern liebevoll eingerichtet: so kann man sich in traditionellen „Liebeslernbetten"

der Makonde zur Ruhe legen, die mit Schnitzereien verziert sind, oder auf der eigenen Terrasse unter freiem Himmel baden. Zurück fliegen Sie dann einfach von Ihrem neuen Aufenthaltsort aus.

Achtung: Nach der langen Regenzeit sind viele Lehmstraßen im Selous nicht passierbar, zwischen April und Juni sind die meisten Lodges deshalb geschlossen.

2 BEI DEN SCHIMPANSEN VON GOMBE ★

Nirgendwo auf der Welt sind die nächsten Verwandten des Menschen so lange und so ausführlich studiert worden wie im *Gombe Stream National Park,* dem gerade einmal 50 km² großen Schutzgebiet am Tanganyika-See. Der Park ist das Refugium von ca. 100 Schimpansen und einer Reihe weiterer Affenarten. Straßen gibt es keine. Wer hierher kommt, geht auf unmittelbare Tuchfühlung mit der Natur – per Fußsafari.

Ein Besuch in Gombe beginnt normalerweise in **Kigoma**, der Hafenstadt am Ufer des Tanganyika-Sees. Hierher gelangt man von Daressalaam aus mit dem Zug *(Central Line | Dauer ca. 40 Std. | 45 US$)* oder mit dem Flugzeug: Precision Air fliegt mehrmals wöchentlich *(280 US$)*. Kigoma selbst ist ein entspannter Ort mit fast mediterranem Flair. Wer über Nacht bleibt: Das **Kigoma Hilltop Hotel** *(30 Zi. | Tel. 028 2 80 44 35 | www.kigoma.com | €)* ist das erste Haus am Platz.

Der Nationalpark liegt 20 km nördlich von Kigoma am Seeufer. Ein Wassertaxi bringt Sie in einer halben Stunde an den Parkeingang. Der **Gombe Stream National Park** *(Eintritt 100 US$ pro Tag)* erstreckt sich entlang einer Schlucht, in der

13 Bäche und Flüsse zusammenfließen. Dies ist der Lebensraum der Schimpansen und zahlreicher anderer Primaten, unter ihnen Kolobus-, Rotschwanz- und Blauaffen. Seit 1968 steht ihr Areal unter Schutz – u. a. dank der Bemühungen der britischen Forscherin Jane Goodall, die die Menschenaffen seit 50 Jahren studiert. Wenn Sie es ihr gleichtun wollen: Am besten zu beobachten sind die Schimpansen am frühen Morgen. Die erfahrenen Führer kennen „ihre" Tiere alle beim Namen und können zu jedem eine ganz persönliche Geschichte erzählen. Fahren Sie unbedingt nur bei bester Gesundheit nach Gombe: Selbst ein einfacher Schnupfen kann für einen Schimpansen lebensgefährlich sein.

Die meisten Reisenden übernachten in der luxuriösen **Gombe Forest Lodge** am Strand *(10 Zi. | Tel. 022 2 13 05 53 | €€€)*, wo für alles gesorgt ist. Das Camp wird vom **Hilltop Hotel** *(Tel. 028 2 80 44 37 | www.chimpanzeesafaris.com | €€)* in Kigoma betrieben – dort organisiert man auch für Nichtgäste Transfer und Unterkunft. Von hier aus können auch Trips in Tansanias größtes Schimpansen-Reservat, den 130 km entfernten **Mahale-Nationalpark** *(Eintritt 80 US$)*, organisiert werden. Erreichbar ist der Park von Kigoma mit dem Boot *(ca. zehn Stunden)* oder mit dem Flugzeug (Linienflüge auch von Arusha und Mwanza). Mahale ist zehn Mal so groß wie Gombe, die Zahl der hier in der dicht bewaldeten Berglandschaft lebenden Schimpansen wird auf 700 geschätzt. Zahlreiche Wanderwege durchqueren die Bergwälder, in denen immer

Die Affen von Gombe sind Menschen gewöhnt, bleiben aber am liebsten unter sich

wieder das Geschrei der Affen zu hören ist. Besuche bei den Schimpansen sind auf eine Stunde beschränkt, doch diese 60 Minuten sind unvergesslich: Mahale ist eines der letzten großen Areale, in denen Schimpansen in absoluter Freiheit ungefährdet leben können.

3 ZU DEN VEILCHEN WANDERN

In den Usambara-Bergen zwischen Dar und Moshi sieht es vielerorts so aus, als wäre die Zeit stehen geblieben. Deutsche Kolonialbauten, Kirchen und Alpenchalets stehen verstreut in der gut 110 km langen Bergkette, die bis auf 2440 m beim Mount Mgomba ansteigt. Zum Augenreiben ist aber auch die für Ostafrika einzigartige Natur, die hier – anders als in den meisten Teilen Tansanias – zu Fuß erwandert werden kann.

Von Moshi kommend, verlässt man die Hauptstraße bei Mombo. Die Straße führt durch das Dorf **Soni**. Von hier kann man die ersten Wasserfälle erkennen, wie sie hinter den Bäumen hervorblitzen. Das **Soni Falls Hotel** *(Tel. 0787 76 53 78 | €)* hat gemütliche Zimmer, schmackhaftes Essen und Wein aus dem nahen Benediktinerkloster zu bieten. Von hier aus kann man (in Begleitung eines Führers) zu einigen Wasserfällen wandern.

Während die Straße sich in engen Kurven bergaufwärts schlängelt, ändert sich beinahe minütlich die Vegetation: die staubige, rote Landschaft in der Ebene wird schnell von dichten, saftig grünen Wäldern abgelöst, die es so in ganz Ostafrika nicht gibt. Euphorbien, Riesenfarne, Lobelien und einheimische Baumarten bilden einen tropischen Bergwald, wie man ihn sonst nur im Westen Afrikas sehen kann. Natürlich wachsen hier auch die ursprünglichen Usambara-Veilchen. Die Temperatur fällt mit der Höhe, abends wird es empfindlich kalt.

Nach zwei Stunden erreicht man **Lushoto**, das ehemalige Wilhelmstal. Den deutschen Kolonialisten galt das Dorf auf 1500 Metern schnell als Oase, in der man die Hitze der Ebene hinter sich lassen konnte. Neben Berghäusern, die aussehen, als wären sie den bayerischen Alpen entnommen, lassen sich hier das alte **Gouverneurshaus** (im holländischen Stil) und die **Lutherische Kirche** bestaunen.

Lushoto ist der Ausgangspunkt für mehrere Wanderungen: etwa zum fünf Kilometer entfernten 🌿 **Irente-Aussichtspunkt**, von dem aus man 1000 m nach unten weit über die Ebene blicken kann. Die auf dem Weg liegende **INSIDER TIPP** ▶ **Irente-Farm** verkauft

Obst, Gemüse, Vollkornbrot und selbstgemachten Käse – die Manufaktur kann besucht werden. Hier kann man auch übernachten *(Tel. 027 2 64 00 00 | €)*, ebenso wie in der 13 km von Lushoto entfernten **Muller's Mountain Lodge** *(Tel. 027 2 64 02 04 | www.mullers mountainlodge.co.tz | €)*, einem Haus aus den 1930er Jahren mit viel Charme und großem Garten.

Bergtouren auf den nahen **Mount Seguruma** (2218 m), Ausflüge zu lokalen Bauern oder anspruchsvolle Fahrradtouren durch die Usambara-Berge organisieren die **Friends of Usambara** *(tgl. 8–18 Uhr | Tel. 027 26 40 13 42)*, die ein Büro an der Bushaltestelle betreiben. Eine Tageswanderung führt nach **Mtae Mtii**, den einstigen Sitz des traditionellen Königshauses. Der auf einem Felsen liegende ☀ **Palast** kann besucht werden.

Nördlich von Lushoto werden die Straßen enger und kurviger, oft fallen die Ränder steil ab. Auf der rechten Seite erstreckt sich eine gute Stunde nach Ortsende der **Shume-Magamba-Regenwald**, durch dessen Äste sich Colobus-Affen schwingen. Das Dorf **Lukosi** liegt in einem malerischen Hochtal, in dem bis heute alpine Berghütten mit kunstvoll geschnitzten Balkonen stehen. In ☀ `INSIDER TIPP` **Mtae** endet die Straße mit einem Ausblick, der faszinierender nicht sein könnte: das Dorf liegt am nordwestlichen Ende der Usambaras, zu drei Seiten hin geht es über tausend Meter steil nach unten. Das Panorama ist atemberaubend – und bei gutem Wetter reicht der Blick sogar bis nach Kenia. In Mtae gibt es mehrere einfache Unterkünfte, etwa das **Kuna Maneno Guesthouse** *(Tel. 027 2 64 02 00 | €)*.

Ein orangener Farbklecks im üppigen Grün der Usambara-Berge beim Dorf Lushoto

SPORT & AKTIVITÄTEN

Die wenigsten Tansanier würden sagen, dass sie Sport treiben – obwohl sie es gewohnt sind, täglich kilometerweit zu laufen, mit dem Fahrrad Berge hinaufzufahren oder Stunden auf und im Meer zu verbringen. Solche Aktivitäten sind Teil des täglichen Lebens – und genauso werden sie auch Urlaubern angeboten – gute Luft und blauer Himmel inklusive.

Bei aller Schönheit des Workouts in der Natur: Vergessen Sie nicht, dass Sie sich in Äquatornähe befinden und jede Art von Anstrengung den Organismus mehr belastet als zu Hause. Im Norden Tansanias und natürlich auf den Bergen kommt die Höhe als belastender Faktor dazu – lassen Sie es langsam angehen. Guter Sonnenschutz und viel Flüssigkeit sind essenziell.

BERGSTEIGEN

Kilimandscharo und Mount Meru sind die beliebtesten Ziele für Bergsteiger. Auf beide Berge gibt es leichte, technisch einfache Routen. Am meisten macht die extreme Höhe zu schaffen, weswegen Sie sich unbedingt genügend Zeit für den Aufstieg nehmen müssen.

Eine besondere Herausforderung ist der **INSIDER TIPP** Ol Doinyo Lengai (2878 m). Der Vulkan erhebt sich nordöstlich des Ngorongoro-Kraters. Auch weil einer der beiden Krater noch aktiv ist, ist der Aufstieg nur mit einem ortskundigen Führer möglich. Die meisten Bergpartien starten um fünf Uhr, so dass sie gegen elf Uhr den Kraterrand erreichen. Der Abstieg dauert noch einmal zwei Stunden.

Bild: Bergsteiger am Kilimandscharo

Ob Tauchen, Reiten, Radfahren oder Bergsteigen: Wer sich im Urlaub bewegen will, hat in Tansania die freie Auswahl

Andere Gruppen beginnen den Aufstieg um Mitternacht, so dass sie das Ziel bei Sonnenaufgang erreichen. Touren können Sie in Arusha *(s. S. 52)* ab ca. 100 Euro buchen. Erstklassige Infos rund um den Berg unter *www.mtsu.edu/~fbelton/lengai.html.*

GOLF

Wer in Tansania Holz und Eisen schwingen will, kann das in Daressalaam, wo es außer dem 18-Loch-Parcours im Gymkhana-Club *(Ghana Street | Tel. 022 213 84 45)* noch einen vom Militär betriebenen 9-Loch-Platz gibt *(Lugalo Ground | Tel. 0732 92 68 26).* Im gerade eröffneten **INSIDER TIPP** *Kilimajaro Golf & Wildlife Estate* kann man 18 Löcher mit Blick auf den Kilimandscharo spielen *(Usa River | 0783 77 70 25 | www.kiligolf.com).*

HOCHSEEFISCHEN

Der Kanal zwischen Sansibar und Pemba gilt als eine der fischreichsten

Gegenden der Welt, ebenso die Gewässer rund um Mafia Island. Riesige Barrakudas und Heerscharen von Marlinen tummeln sich vor allem in der Hochsaison (August–März) im Meer. Die meisten Tauchzentren organisieren

este Adrenalinkick an Ostafrikas Küste. Im *Airborne-Kitecenter* auf Sansibar *(Paje | Tel. 0715 54 84 64 | www.airbornekitecentre.com)* kann man auf den Geschmack kommen und Kurse mit Ausrüstung buchen.

Tauchen mit den Meeresschildkröten: An der Küste Tansanias ist das möglich

Angeltouren oder helfen zumindest bei der Organisation. *Fishing Zanzibar (www.fishingzanzibar.com)* und *Zanzibar Big Game Fishing (Tel. 024 2 23 37 67 | www.rasnungwi.com)*, beide in Nungwi, bieten Touren, die teils mehrere Tage dauern.

KITEBOARDING

Kiteboarding, eine Art High-Speed-Surfen, bei dem der Surfer von einem Lenkdrachen gezogen wird, ist der neu-

MOUNTAINBIKING

Staub, Hitze, Berge: Wen das nicht abschreckt, sondern sogar motiviert, der ist für Mountainbiking in Tansania gerüstet. Vor allem im Hochland rund um Arusha und in den Usambara-Bergen, aber selbst am Kilimandscharo werden Touren angeboten, z. B. von *Chagga-Tours* in Moshi *(s. S. 63)*. Eine breite Auswahl an Tagestouren organisiert *Summits Africa (Arusha | Tel. 0784 52 20 90 | www.summits-africa.com)*. Der Veranstalter vermietet auch Räder und sonstige Ausrüstung.

REITEN

Toll für Pferdefreunde ist eine Tour durch Tansanias Hochland: Die Besitzer der INSIDERTIPP *Makoa-Farm* am Fuß des Kilimandscharo *(s. S. 61)* organisieren Reitsafaris. Am herrlichen South Beach südlich von Daressalaam, nicht weit vom Kap Ras Kutani entfernt, gibt es den *Horse Club (Tel. 0754 00 02 35)* mit 36 Pferden und mehreren Trainern. Hoch zu Ross auf Safari gehen kann man auch in den Ausläufern der Serengeti: Im privaten *Singita Grumeti Reserve* gibt es ein Reiterzentrum, von dem aus Ausritte in die Savanne organisiert werden können *(Tel. 021 6 83 34 24 / www.singita.com)*.

SEGELN

Segeln ist in Tansania vor allem Yachtbesitzern vorbehalten, deren Clubs nur zu Events wie *Tanzacat (s. Events, Feste & mehr, S. 109)* zugänglich sind. Auf Sansibar gibt es aber die eine oder andere Segelschule. *Dive 'n' Sail* in Nungwi etwa *(Tel. 0774 44 12 34 / www.dive-n-sail.com)* vermietet einen 15-Meter-Katamaran mit allen Schikanen, samt Profi-Skipper für Segel- und Tauchtouren.

TAUCHEN

Sansibar, Pemba und Mafia sind Eldorados für Taucher: Von hier aus sind die Riffe nie weit entfernt, und praktisch jedes Hotel hat eine angegliederte Tauchschule, die die nötige Ausrüstung verleiht, Trips organisiert und Kurse für Neulinge und erfahrene Taucher anbietet. Fast überall gibt es Schnupperkurse, bei denen man einen Tag in Begleitung

das schwerelose Treiben in der warmen und glitzernden Wasserwelt ausprobieren kann. Meeresschildkröten, Walhaie oder Mantas gehören zu den Highlights der reichen Tauchgründe.

Auf Sansibar ist das Wasser zwischen November und März am klarsten. In der Regenzeit (März–Mai) ist Tauchen oft nicht möglich, weil Regen die Sicht am Riff verdirbt. Aufgewühlt und trübe kann das Wasser auch sein, wenn der Monsun (Juni–Sept.) vom Meer her weht; an geschützteren Plätzen (z. B. Sansibars Westküste) ist das Vergnügen aber ungetrübt.

Wer sicher sein will, dass eine Tauchschule offiziellem Standard entspricht, schaut unter *www.padi.com* nach. Dort gibt es für diejenigen, die ihren Tauchschein auf Sansibar machen wollen, auch die Möglichkeit, die INSIDERTIPP Theorie schon zu Hause online abzulegen – dazu muss man allerdings bereits die Tauchschule kennen, bei der die praktischen Stunden absolviert werden.

Wem Tauchen zu aufwendig oder zu teuer ist: Praktisch alle Schulen bieten Schnorcheltrips an. Direkt am Riff trägt man meist keine Flossen, um Schäden an den empfindlichen Korallen zu vermeiden. Viele Ausflüge gehen zu vorgelagerten Inseln, etwa Chumbe Island (Sansibar) oder Misali Island vor Pemba.

WANDERN

Wer keine Berge erklimmt, aber gern wandert, kann in mehreren Nationalparks in Begleitung eines erfahrenen Guides auf Tour gehen. Möglichkeiten dazu gibt es im Ngorongoro-Krater, im Arusha-Nationalpark, in Gombe, Saadani und Selous, im Nationalpark Jozani-Chwaka Bay auf Sansibar und natürlich auf den Wanderwegen am Fuß des Kilimandscharo.

MIT KINDERN UNTERWEGS

Ob Ihre Kinder toben, schreien oder quer durchs Lokal laufen, in Tansania können Sie sicher sein, dass niemand mit den Augen rollt. Im Gegenteil – so liebenswürdig wie hier werden Kinder in Europa nur selten empfangen.

Weil fast alle Tansanier schon in jungen Jahren selber Kinder haben, wird man alles tun, um für Ihre Kleinen zu improvisieren: Hochstühle etwa gibt es in Restaurants fast nie, aber mit Kissen und anderen Hilfsmitteln schafft man es schon irgendwie, Ihr Kleinkind sicher auf Tischhöhe zu bringen.

Kindergerichte gibt es ebenfalls selten. Stattdessen ist jeder Chefkoch sofort bereit, ein ganz persönliches Mahl für Ihr Kind zusammenzustellen und selbst dann zu servieren, wenn das Hotelrestaurant

eigentlich noch geschlossen ist. Fragen Sie einfach, und man wird Ihnen helfen. Babykrippen und Gitterbetten gibt es in den meisten Touristenhotels, angeboten wird außerdem zumeist ein Babysitter oder Türwächter, der Sie sofort alarmiert, wenn aus dem Zimmer Geschrei zu hören ist.

Damit Ihr Kind so viel Spaß hat wie Sie, ist die Wahl des richtigen Orts entscheidend. Am Meer gibt es für Kinder immer viel zu spielen, die meisten Lodges haben zudem einen flachen Pool. Wenn Sie eine Safari planen, sollten Sie sich auf ein bis zwei benachbarte Nationalparks beschränken und lange Transfers vermeiden. Vier Stunden *game drive* sind für den Nachwuchs eine Ewigkeit – schließlich passiert wenig, und man muss die

Bild: Kinder in Stone Town, Sansibar

Mit Begeisterung und viel Improvisations-talent machen die Tansanier einen Familienurlaub zum Erfolg

ganze Zeit sitzen. Empfehlenswert sind deshalb kurze Safaris, die nicht mehr als zwei Stunden dauern.

Ist Ihr Nachwuchs alt genug für Tierbeobachtungen, sollten Sie ihm ein eigenes Fernglas oder eine eigene Kamera kaufen. Ein spannendes Erklärbuch für kleinere Kinder ist *Meine Safari: Abenteuer in Afrika* von Hudson Talbott. Darin erzählt ein Zwölfjähriger im Stil eines bunten Tagebuchs von seiner eigenen Fotosafari. Generell gilt: Für Kinder unter acht Jahren sind Safaris nicht geeignet.

Wer nach Tansania reist, muss auf gesundheitliche Risiken vorbereitet sein – das gilt insbesondere für Kinder. So ist der Schutz vor Moskitostichen und damit Malaria bei ihnen noch wichtiger als bei Erwachsenen. Sprechen Sie mit Ihrem Kinderarzt, ob er zu einer Chemoprophylaxe rät. Achten Sie zudem darauf, dass Ihr Kind immer einen Sonnenhut trägt und mit einem hohen Lichtschutzfaktor vor der Äquatorsonne geschützt ist. Und erinnern Sie es daran, viel Wasser zu trinken. Bei kleineren

Kindern müssen Sie bei Durchfall früh darauf achten, dass sie nicht dehydrieren – viel Wasser und eine aus der heimischen Apotheke mitgebrachte Elektrolytlösung verhindern das.

SERENGETI & NATIONALPARKS

INSIDER TIPP BESUCH BEI DEN MASSAI (128 A2) (*G3*)

Das Dorf Mto wa Mbu am Lake Manyara ist Ausgangspunkt für Ausflüge zu den Massai. Die mehrstündigen Touren eignen sich für ältere Kinder und Jugendliche. Unterwegs lernen Sie die Lebensweise der Menschen in dieser Region kennen: Die Führer zeigen Ihnen u. a. auch kleine Bauernhöfe *(shambas)*. Über das Büro des Cultural Tourism Programme im *Red Banana Café | Mto wa Mbu | Tel. 0748 60 66 54 | mtoculturalprogramme@hotmail.com | Preis: Verhandlungssache*

SMALL FIVE SAFARI

Statt *Big Five* zu sehen, geht es bei dieser Safari auf die Suche nach den nicht minder spannenden *Small Five:* Das sind Elefantenspitzmaus *(elephant shrew)*, rotschnabliger Büffelwebervogel *(red billed buffalo weaver)*, Elefantenlöwe *(ant lion)*, Leopardenschildkröte *(leopard tortoise)* und Nashornkäfer *(rhino beetle)*. Alle diese Tiere leben im Norden Tansanias. Ein örtlicher Führer weiß, wo. Diese Safari lässt sich bei jeder Lodge, die *game walks* anbietet, organisieren. Der Preis ist Verhandlungssache.

Lehrreich: der Besuch einer tansanischen Schule – hier in Daressalaam

RUND UM DEN KILIMANDSCHARO

INSIDER TIPP **SCHOOL OF ST. JUDE** ●

(128 B2) (ΩΩ *G3*)

Wie gehen Kinder in Tansania zur Schule? In der School of St. Jude können Besucher sich den Unterricht – gegen eine Spende – ansehen. Mehr als 800 begabte Schülerinnen und Schüler aus armen Familien werden hier dank einer australischen Hilfsorganisation bereits unterrichtet. Die Spenden sichern u. a. den Fortbestand des Projekts. Die Schule liegt zwischen Arusha und Moshi, Taxifahrer kennen den Weg. *Mo–Fr 8.30–15.30 Uhr (außer Ferien) | Old Road | Moshono (20 Min. Taxifahrt von Arusha) | Taxi ca. 45 US$ pro Fahrt | Tel. 0754 56 61 36 | www.schoolofstjude.co.tz*

DARESSALAAM & DIE KÜSTE

FUNKY ORBITS (133 E2) (ΩΩ *J5*)

In diesem Vergnügungszentrum können Kinder nicht nur Minigolf spielen, es gibt auch einen Spielplatz und eine Kletterwand. Zum Komplex gehört auch ein kleines Restaurant. *Haile Selassie Road (Zufahrt hinter der Gapco Tankstelle) | Msasani-Halbinsel | Tel. 022 2 60 22 64*

WET AND WILD WATER PARK

(129 ⊏G) (ΩΩ *J5*)

Die Farbe ist ein bisschen angekratzt, aber das Plantschen in Tansanias größtem Wasserpark mit 22 Rutschen (eine ist 200 m lang!) macht dennoch Spaß. Ein toller Platz, um mit tansanischen Kindern Freundschaften zu schließen. *Tgl. 8.30–18 Uhr | Kunduchi Beach Hotel & Resort | Kunduchi | Erw. 5500 TSh, Kinder 5000 TSh | Tel. 022 2 65 03 26. Water World (Di–So | neben dem Whitesands Hotel | Mbezi Beach)* ist ein bisschen kleiner als Wet'n'Wild, dafür aber oft auch leerer.

SANSIBAR

BLUEBAY BEACH RESORT & SPA (134 B3) (ΩΩ *q3*)

Das Resort im Orientstil gleich am breiten Sandstrand bietet auch einen Children's Club: ab 10 Uhr kümmern sich Animateure um Kinder zwischen 3 und 13. Das vielseitige Spaß-Programm endet erst mit dem speziellen „Kid's Dinner" nach Sonnenuntergang. *112 Zi. | Kiwengwa | Tel. 024 224 0240 | www.bluebayzanzibar.com | €€€*

BUBBLEMAKER COURSE

(134 B1) (ΩΩ *q1*)

Schon die Kleinen können bei den „Blasenmacherkursen" an Sansibars Nordspitze spielerisch den Umgang mit dem Tauchgerät lernen. So bekommen sie einen ersten Eindruck vom Leben unter Wasser – und verlieren die Angst vor zukünftigen Tauchgängen. *Dive Zanzibar (im Paradise Beach Hotel) | Nungwi | Tel. 0777 41 56 60 | www.diveafrica.com/zanzibar*

MONSOON RESTAURANT

(135 D4) (ΩΩ *s4*)

In diesem Restaurant muss man nicht steif am Tisch sitzen, sondern isst auf dem Boden. Kinder lieben das – genau wie die Tatsache, dass man die meisten Gerichte hier (wie die Tansanier) mit den Händen essen kann. *Tgl. ab 11 Uhr | neben den Forodhani Gardens | Stone Town | Sansibar | Tel. 0251 7 77 41 04 10 | €€*

THE RESIDENCE ZANZIBAR

(134 C6) (ΩΩ *r6*)

Die „Residence" ist nicht nur eine der edelsten Designerlodges auf Sansibar, sondern hat auch einen Kids Club, der Kinder von 3 bis 12 Jahre von 8 bis 20 Uhr beschäftigt. Zum Angebot gehören Fahrradtouren, Ballturniere, Swahili-Kurse und vieles mehr. *66 Privathäuser | Tel. 0251 2 45 55 50 00 | Kizimazi | €€€*

EVENTS, FESTE & MEHR

Zu feiern gibt es in Tansania immer irgendetwas, und alle machen mit. Vor allem für die Armen sind Festivals und Events ein willkommener Anlass, den Alltag zu vergessen.

GESETZLICHE FEIERTAGE

1. Jan. Neujahr; **6. Jan.** *Mapinduzi Day,* Jahrestag der Revolution auf Sansibar; **Karfreitag**; **Ostermontag**; **26. April** *Union Day,* Gründung Tansanias aus Tanganyika und Sansibar; **7. April** Todestag des ersten sansibarischen Präsidenten Scheich Karume; **1. Mai** Tag der Arbeit; **7. Juli** *Saba Saba:* Tag der Kleinbauern; **8. Aug.** *Nane Nane:* Tag der Bauern; **14. Okt.** Todestag von Julius Nyerere; **9. Dez.** Unabhängigkeitstag; **Weihnachten.** Die muslimischen Feste *Idd al Fitr* (Ende der Fastenzeit Ramadan) und *Idd al Hadsch* (Opferungsfest) richten sich nach dem Mondkalender und sind ebenfalls Feiertage.

FESTE & VERANSTALTUNGEN

JANUAR

▶ **Idd al-Moulid:** Geburtstag des Propheten Mohammed. Vor allem auf den Inseln wird der Tag mit Prozessionen und Tänzen rund um die Moscheen gefeiert. Im gregorianischen Kalender wechseln die Daten jährlich, nächste Termine: 13. Jan. 2014, 3. Jan. 2015

FEBRUAR

▶ **INSIDER TIPP** *Sauti za Busara* – Der Puls Sansibars: dreitägiges Musikfest rund um die Kultur der Suaheli, bei dem jährlich Sänger und Bands aus Tansania und den Nachbarländern auftreten. Die Musikrichtungen reichen von Rap und Reggae über Jazz und Gospel bis zu Taarab. Ein weit über seine Grenzen hinaus bekanntes Festival. *www.busaramusic.org*

MÄRZ

▶ **Kilimanjaro Marathon:** Start und Ziel des internationalen Wettbewerbs ist Moshi. Der Lauf geht den Berghang hinauf. Wer kein Supersportler ist, kann sich schon nach 5 km „Fun Run" ausklinken. *www.kilimanjaromarathon.com*

APRIL

▶ **Dar Jazz Event:** Fünf Tage lang steht Daressalaam ganz im Zeichen des Jazz. Bei Konzerten, Jam Sessions und Workshops treffen tansanische und internationale Jazzkünstler zusammen. Auch Crossovers mit traditionellen Klängen

Ob islamische und hinduistische Feste, Musik- und Film-Festivals oder sportliche Events: Die Tansanier feiern gerne und häufig

oder dem hippen Bongo Flava stehen auf dem Programm. *darjazzevent.com*

MAI

▶ *Makutano Arts Fair:* Ausstellung von Kunst und Kunsthandwerk in den Straßen von Daressalaam. Zweiter Termin im Dezember. *www.makutanotz.com*

JULI

▶ *Festival of the Dhow Countries* auf Sansibar: ein bunter Karneval der Kulturen rund um den Indischen Ozean, mit Tänzen und anderen Aufführungen aus den Ländern zwischen Afrika, Arabien und Indien. Herzstück des Festivals ist das 16-tägige Filmfest. *www.ziff.or.tz*

SEPTEMBER

▶ *Tanzacat Regatta:* Zehn Tage lang sind Katamaransegler auf zehn olympischen Kursen unterwegs, unterbrochen von einem Trip zwischen der Msasani-Halbinsel und Sansibar. *www.tanzacat.com*

▶ INSIDER TIPP *Bagamoyo Arts Festival:* Das Kunstfestival bietet eine Woche traditionelle Musik mit Tänzern, Akrobaten, Lesungen und vielem mehr, u. a. aufgeführt von Studenten der örtlichen Kunsthochschule. *www.bagamoyo.com*

OKTOBER/NOVEMBER

▶ *Diwali:* Beim Lichtfest der großen Hindu-Gemeinde erstrahlt ganz Dar im Licht von Lampen und Feuerwerk.

NOVEMBER

▶ INSIDER TIPP *East African Safari Classic Rallye:* einst eine der bedeutendsten Rallyes der Welt, heute ein riesiges Spektakel. In Oldtimern brettern die Piloten von Mombasa aus in zehn Tagen 5000 km durch die Wildnis Kenias und Tansanias. Entlang der Strecke gibt es mehrere Tribünen. *www.eastafricansafarirally.com*

DEZEMBER

▶ *Makutano Arts Fair:* Weihnachtsausgabe der Ausstellung im Mai

ICH WAR SCHON DA!

Drei User aus der MARCO POLO Community verraten ihre Lieblingsplätze und ihre schönsten Erlebnisse

SUNDOWNER IN STONE TOWN

Kurz bevor die Sonne über dem Hafen der Stone Town von Sansibar-Stadt versinkt, taucht sie den Himmel und die Boote für wenige Minuten in ein magisches, orange- bis goldfarbenes Licht. Für dieses Spektakel sollte man sich unbedingt rechtzeitig einen der schwer zu ergatternden Plätze in den Cafés mit Meerblick sichern. Anschließend empfiehlt sich ein Spaziergang von wenigen Minuten zu den Forodhani Gardens, um dort an einem der zahllosen Essensstände Köstlichkeiten zu genießen. Aber Achtung: Es werden Touristenpreise verlangt, also unbedingt handeln! **Rudi03, Graz**

HOTEL-TIPPS SANSIBAR

Wir verbrachten unseren Urlaub im *Neptune Pwani Beach Hotel (neptunepwani. sandies-resorts.com)* an der unberührten Nordostküste Sansibars. Das Personal ist sehr freundlich, die Gartenanlage weitläufig und lädt zum Verweilen ein. Das Essen ist ebenfalls empfehlenswert, vor allem die Fischgerichte waren ein Genuss! **Fernweh, Bargteheide**

MARKTBESUCH ARUSHA

Einen Besuch wert sind die Märkte in Arusha, wo getrocknete Fische, lebende Hühner und Ziegen, Gewürze und Zahnbürsten aus Holzstöcken angeboten werden. Die schönsten „Shops" sind unserer Meinung nach in der Bondeni Street – zu dieser gelangt man, wenn man vom Central Market Richtung Busstation und Makongoro Road läuft. **Libelle007, München**

Haben auch Sie etwas Besonderes erlebt oder einen Lieblingsplatz gefunden, den nicht jeder kennt? Gehen Sie einfach auf www.marcopolo.de/mein-tipp

LINKS, BLOGS, APPS & MORE

LINKS

▶ www.marcopolo.de/tansania Alles auf einen Blick zu Ihrem Reiseziel: Interaktive Karten inklusive Planungsfunktion, Impressionen aus der Community, aktuelle News und Angebote …

▶ tanzania-network.de Superinformative Webseite der 800–1000 Initiativen in Deutschland, die sich mit Tansania beschäftigen – inklusive News und Veranstaltungskalender

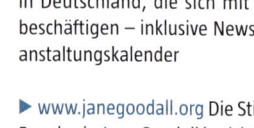

▶ www.janegoodall.org Die Stiftung der Forscherin Jane Goodall berichtet aktuell aus Gombe und bietet Wissenswertes zu den Schimpansen

▶ www.zanzibarhistory.org Einzigartige Sammlung historischer Photos und Zeichnungen von Sansibar, sortiert nach Ereignissen und Themengebieten

▶ www.eadestination.com Stets aktuelles Reisemagazin aus und über Ostafrika mit vielen Tipps und Terminen zu Tansania

BLOGS

▶ short.travel/tan1 Blog eines deutschen Kletterteams, das den Mount Kenya und den Kilimandscharo erklommen hat. Außer vielen Fotos steht hier auch die nützliche Packliste zum Download bereit!

▶ www.zgf.de Die „Erben Grzimeks" bei der Frankfurter Zoologischen Gesellschaft bloggen aus allen Ecken der Erde, unter anderem aus der Serengeti – auch interessante Meldungen und eine Auflistung der weltweiten Projekte

▶ in-mbigili.de Freiwillige aus Deutschland und Tansania bauen in der Nähe von Iringa (südlich der Hauptstadt Dodoma, nicht weit vom Ruaha Nationalpark) das Kinderheim Mbigili auf. Hier bloggen Mitarbeiter und Besucher auf deutsch über ihre Erlebnisse in Tansania. Auf www.mbigili. de finden sich zudem Neuigkeiten aus Mbigili, die viel über den tansanischen Alltag verraten

Egal, ob Sie sich auf Ihre Reise vorbereiten oder vor Ort sind: Mit diesen Adressen finden Sie noch mehr Informationen, Videos und Netzwerke, die Ihren Urlaub bereichern. Da manche Adressen extrem lang sind, führt Sie der kürzere short.travel-Code direkt auf die beschriebenen Websites

VIDEOS

▶ www.musicvideos.the-real-africa.com Die wahrscheinlich größte Sammlung tansanischer (und afrikanischer) Musikvideos im Netz. Runterladen und genießen

▶ www.bongoradio.com News, Talk und viiiel Musik gibt es bei diesem tansanischen Radiosender, der rund um die Uhr von Chicago aus sendet

▶ short.travel/tan2 Auf seinem YouTube-Channel stellt ein videoverrückter australischer Weltenbummler seine Ferienfilme ein, mehr als siebzig davon alleine über Tansania – Naturaufnahmen, aber auch viele Alltagsszenen, die man sonst nirgends findet

APPS

▶ Basic Swahili Ansprechender Grundkurs in Swahili mit mehr als 1600 Begriffen in der Sprachausgabe (auf Englisch)

▶ Over the Islands of Africa 1 Hervorragende Sansibar-Doku (Arte, 45 Minuten) als App mit Bonus-Fotos des Autors – macht Appetit auf die Reise!

▶ The Kingdon Guide to African Mammals Der sehr gute Tierführer (auf Englisch) in einer handlichen Version für iPhone und iPad. Auf Safari lassen sich damit auch offline alle vor die Linse gelaufenen Tiere bestimmen

▶ Safari-Alert Fun-App, die die Namen der neun häufigsten Raubtiere auf Suaheli brüllt oder flustert nach dem Motto: wenn ein Löwe angreift, einfach Knopf drücken

NETWORK

▶ www.travbuddy.com Reiseberichte, Photos und Ratings in dieser benutzerfreundlichen und angenehm gestalteten Community. Einfach Destination eingeben und los geht's

▶ www.babkubwa.com Hyperaktives Netzwerk von Musikfans rund um Bongo Flava, Tansanias einmalige Musikrichtung

▶ short.travel/tan3 Aktivste Community rund um Tansania mit vielen Photos und News

PRAKTISCHE HINWEISE

ANREISE

Tansanias Drehscheibe ist der Nyerere International Airport in Daressalaam. Die meisten Fluggesellschaften landen hier. Swiss Air fliegt fünf Mal wöchentlich ab Zürich (mit Zwischenlandung in Nairobi), KLM täglich (über den Kilimanjaro International Airport). Direktflüge sind selten. Günstige Verbindungen bietet Egypt Air von Frankfurt/Main aus, mit Zwischenlandung in Kairo.

Um lange Weiterfahrten mit Bus oder Auto zu vermeiden, sollten Sie den Flughafen wählen, der Ihrem Reiseziel am nächsten liegt: Für Urlauber, die in den Süden reisen, ist das der Flughafen von Daressalaam. Wer dagegen in den Norden will, bucht besser einen Flug zum Kilimanjaro International Airport zwischen Moshi und Arusha. Condor fliegt den Airport einmal wöchentlich an (Direktflug), Ethiopian Airlines drei Mal in der Woche (über Addis Abeba) und KLM täglich (über Amsterdam). Für KLM-Gäste steht ein kostenloser Shuttle nach Arusha und Moshi bereit. Sansibars winzigen Flughafen fliegt Condor direkt an, daneben auch Ethiopian Airlines und KLM. Oman Air fliegt günstig über Muscat nach Sansibar *(www.oman air.com)*.

Die Preise für Flugtickets variieren stark: Sie kosten 650 bis 1100 Euro, in der Hauptsaison bis 1400 Euro. Von Deutschland aus dauert der Flug neun bis zehn Stunden.

GRÜN & FAIR REISEN

Auf Reisen können auch Sie mit einfachen Mitteln viel bewirken. Behalten Sie nicht nur die CO_2-Bilanz für Hin- und Rückflug im Hinterkopf *(www.atmosfair.de)*, sondern achten und schützen Sie auch nachhaltig Natur und Kultur im Reiseland *(www. gate-tourismus.de; www.zukunft-reisen.de; www.ecotrans.de)*. Gerade als Tourist ist es wichtig, auf Aspekte zu achten wie Naturschutz *(www. nabu.de; www.wwf.de)*, regionale Produkte, Fahrradfahren (statt Autofahren), Wassersparen und vieles mehr. Wenn Sie mehr über ökologischen Tourismus erfahren wollen: europaweit *www.oete.de*; weltweit *www.germanwatch.org*

AUSKUNFT

TANZANIA TOURIST BOARD
IPS Building, 3rd Floor | Azikiwe Street | Daressalaam | Tel. 022 2 11 12 44 45 | www. tanzaniatouristboard.com

BOTSCHAFT DER VEREINIGTEN REPUBLIK TANSANIA
Eschenallee 11 | 14050 Berlin | Tel. 030 3 03 08 00 | www.tanzania.go.tz

AUTO

In Tansania herrscht Linksverkehr. Das Tempolimit auf Landstraßen beträgt 80 km/h, in Städten 50 km/h und in den Nationalparks 30 km/h. Die Straßenverhältnisse sind ähnlich desolat wie das Verhalten der anderen Verkehrsteilnehmer, man muss auf alles gefasst sein: Schlaglöcher, Straßenschwellen,

Von Anreise bis Zoll

Urlaub von Anfang bis Ende: die wichtigsten Adressen und Informationen für Ihre Tansania-Reise

spielende Kinder, stoische Kühe, rasende Autofahrer. Auf keinen Fall nachts fahren: Elefanten haben keine Rücklichter und andere Verkehrsteilnehmer oft auch nicht.

Autos werden in Tansania oft mit Fahrer vermietet, was vieles auf den Straßen (auch Reparaturen etc.) einfacher macht. In diesem Fall sind die Kosten für den Fahrer inbegriffen. Es ist aber zunehmend auch möglich, selbst zu fahren.

DIPLOMATISCHE VERTRETUNGEN

DEUTSCHE BOTSCHAFT
Garden Avenue/Mirambo Street | Daressalaam | Tel. 022 2 11 74 09 | www.daressalam.diplo.de

DEUTSCHES HONORARKONSULAT ARUSHA
Ulf Kusserow | Ngaramtoni ya Chini (hinter der International School) | Arusha | Tel. 027 2 50 80 22, mobil 0754 78 96 03

DEUTSCHES HONORARKONSULAT SANSIBAR
Hans-Dieter Allgaier | Sansibar Mazizini | Sansibar | Tel. 0774 70 07 18

ÖSTERREICHISCHES HONORARKONSULAT
Slipway Road, Plot 1864, Msasani | Daressalaam | Tel. 022 2 60 14 92 | austrian consulate@bol.co.tz

SCHWEIZER BOTSCHAFT
Kinondoni Road, Plot 79 | Daressalaam | Tel. 031 3 24 18 26 | www.eda.admin.ch/daressalaam

EINREISE

Besucher benötigen ein Visum. Es wird bei der Einreise am Flughafen ausgestellt, ist drei Monate gültig und kostet 50 Dollar. Voraussetzung ist ein sechs Monate gültiger Reisepass sowie das Rückreiseticket. Wahlweise können Sie das Visum auch vor Reiseantritt bei der Botschaft der Republik Tansania in Berlin beantragen. Vorteil: Sie ersparen sich so die Warterei vor dem Visumschalter am Flughafen. Das entsprechende Formular steht online unter *www.tanzania-gov.de*, Link „Visum & Pass".

GELD & KARTEN

Landeswährung ist der Tansanische Schilling (abgekürzt TSh). Geldscheine sind gestaffelt nach 500, 1000, 2000, 5000 und 10 000 TSh. Im Umlauf sind außerdem Münzen zu 20, 50, 100 und 200 TSh. Vor allem in den touristischen Gebieten des Landes hat sich jedoch eine zweite Währung etabliert: der US-Dollar. Die Bezahlung mit Dollarnoten ist üblich (so z. B. für Visa, Eintritte in Nationalparks und auch in vielen Hotels). Sie sollten stets genug davon in der Tasche haben und unbedingt auf kleine Noten achten. Noten mit einem Ausgabedatum vor 2000 werden (auch von Banken) nicht akzeptiert. Das gilt auch für die Landeswährung, denn: Tansanier haben oft zu wenig Wechselgeld.

Neben dem US-Dollar ist auch der Euro im Land weit verbreitet. Beide Währungen werden problemlos gewechselt. Neben Banken gibt es zahllose Wechselstuben *(foreign exchange bureaus)*, die bessere Konditionen anbieten. Den besten Wechselkurs erhalten Sie für 50- und 100-Dollar-Noten. Geldautomaten gibt es in den größeren Städten, allerdings sind sie oft außer Betrieb. Das Zahlen mit Kreditkarte (Visa oder Master-Card) ist nur selten möglich, häufig wird dabei eine saftige Gebühr von fünf bis zehn Prozent fällig.

GESUNDHEIT

Nur in Dar gibt es Hospitäler, die westlichen Standards entsprechen. Zu ihnen gehören die *IST-Clinic (Ruvu Street | Tel. 022 2 60 13 07, Tel. 0784 78 33 93)* und das *Aga Khan Hospital (Ocean Road | Tel. 022 2 11 51 51)*. Bei Notfällen und auf Safari helfen die *Flying Doctors*: Der medizinische Notdienst kommt per Flugzeug, für den Notfall steht eine 24-Stunden-Hotline zur Verfügung. Für ca. 12 Euro kann man eine zweiwöchige Mitgliedschaft erwerben *(www.amrefgermany.de)*.

Für Reisende aus Europa sind derzeit keine Impfungen vorgeschrieben. Unbedingt empfehlenswert ist jedoch eine Impfung gegen Tetanus, Polio, Diphtherie, Typhus und Hepatitis. Wer aus einem Gelbfiebergebiet (z. B. Nachbarländer) einreist, muss eine gültige Gelbfieberimpfung vorweisen. Malaria ist in Tansania weit verbreitet: unbedingt eine Prophylaxe mit einem Tropenmediziner besprechen! Ins Gepäck gehört eine Reiseapotheke mit Verbandszeug, Insektenschutz, Mittel gegen Durchfall, Schmerzen und Entzündungen sowie persönlicher Medizin.

INTERNET & WLAN

Viele Hotels bieten Internetanschluss, in den Ballungszentren gibt es außerdem zahlreiche Internetcafés *(Preise 500–2000 TSh./Std.)*. Im europäischen Vergleich sind die Verbindungen jedoch sehr langsam. WLAN-Spots sind in Tansania noch selten.

KLEIDUNG

In Tansania gilt: Kleider machen Leute. An der Küste sollten Sie abseits des Strandes stets eine saubere Hose und ein T-Shirt (besser: kurzärmliges Hemd) anziehen. Frauen sollten an der muslimischen Küste – außer am Strand – immer ihre Schultern bedeckt halten und keine kurzen Hosen tragen. Nackt baden, auch nur oben ohne, ist in Tansania verboten! Auf Safari und im heißeren Binnenland bietet sich helle, dünne Kleidung aus Baumwolle oder Leinen an, die die Sonnenstrahlen reflektiert und schnell trocknet. Ideal ist Funktionsbekleidung. Außerdem notwendig: eine Kopfbedeckung und Sonnenbrille. Wenn Sie Zeit im Hochland oder in den Bergen verbringen möchten, empfehlen sich Pullover und Halstuch. Besonders im Norden, in den Hochländern rund um Moshi, Arusha, den Ngorongoro-Krater sowie in der Serengeti kühlt es in der Nacht deutlich ab.

WAS KOSTET WIE VIEL?

Dalla-Dalla	**40 Cent** *für eine Stadtfahrt*
Wasser	**1 Euro** *für einen Liter Sprudel*
Bier	**1,30 Euro** *für 0,5 Liter*
Essen	**2,50 Euro** *für ein Gericht im Straßenverkauf*
Kanga	**ab 5 Euro** *für das bunte Gewand*
Mietwagen	**ab 100 Euro** *pro Tag, mit Fahrer*

KLIMA & REISEZEIT

Im Nordosten Tansanias gibt es zwei Regenzeiten: Von März bis Mai dauert die große Regenzeit. Anfang November bis Anfang Dezember folgt eine kleine Regenzeit. Aufgrund des Klimawandels verschieben sich die Regenzeiten immer häufiger. Von Dezember bis März ist es im Norden heiß und trocken, was vorteilhaft ist für eine Safari: Die Tiere sammeln sich dann an den wenigen Wasserlöchern und sind gut zu beobachten. Von Juni bis August ist in der nördlichen Serengeti Hochsaison – dann wandern die großen Tierherden. Gute Monate für eine Kili-Besteigung sind Januar und Februar sowie September. Auf Sansibar und an der Küste herrscht ganzjährig ein tropisches Klima mit hohen Temperaturen, im April und Mai gibt es heftige Regenfälle. Klimatisch am angenehmsten sind hier die Monate Juni bis September. Der Mai ist an der Küste verregnet: Viele Hotels haben dann geschlossen.

MEDIEN

Der Guardian ist die führende englischsprachige Zeitung Tansanias und traut sich, die Regierung etwa wegen Korruptionsvorwürfen anzugehen. Der Citizen (gehört zur Aga-Khan-Mediengruppe) ist ebenfalls unabhängig, während die Daily News eine Regierungszeitung und deshalb als einzige fast überall im Land erhältlich ist. Einen hervorragenden Überblick über die Geschehnisse in Ostafrika gibt die Wochenzeitung East African. Das reich bebilderte Magazin Destination berichtet über Urlaubsziele in ganz Ostafrika. Wichtigstes Medium für die meisten Tansanier ist nach wie vor Radio: das staatliche Radio Tanzania spielt gute einheimische Musik. Nachrichten hört man am besten auf dem BBC World Service, der in mehreren Städten auf UKW ausgestrahlt wird. Das Fernsehprogramm findet vor allem auf Suaheli statt; die

WÄHRUNGSRECHNER

€	TSh	TSh	€
1	1909,86	100	0,05
2	3819,72	500	0,26
3	5729,58	1000	0,52
4	7639,45	2000	1,05
5	9549,31	3000	1,57
6	11459,2	7000	3,67
7	13369	12000	6,28
8	15278,9	25000	13,09
9	17188,8	50000	26,18

Masse an Daily Soaps und Bongo-Filmen, die der staatliche TBC1 und der private Sender ITV ausstrahlen, ist allenfalls interessant, um einen kurzen Eindruck zu gewinnen.

ÖFFENTLICHE VERKEHRSMITTEL

Der öffentliche Verkehr in Tansania ist gut vernetzt. Mit dem *Dalla-Dalla* erreichen Sie auch entlegene Gegenden. Auf den wichtigen Hauptrouten verkehren Überlandbusse. Es gibt zudem zwei Bahnlinien: Die Central-Line, die von Dar aus nach Kigoma (Tanganyika-See und Gombe-Park) mit Abzweigen etwa nach Mwanza (Viktoriasee) fährt und die Tazara-Line von Dar nach Sambia.
Seit einigen Jahren gibt es auch in Tansania Billigflüge. Die bedeutendste Gesellschaft ist Fly540 *(fly540.com)*, die mit ihren neuen Jets unter anderem Kilimandscharo, Dar, Mwanza und Sansibar verbindet. Die Gesellschaft fliegt auch in die Serengeti, zum Airstrip am Lake Manyara und (von Kili und Sansibar)

nach Arusha. `INSIDER TIPP` Die Flüge können online schon vor dem Urlaub gebucht werden.

POST

Tansanias Post ist zuverlässig. Mit Luftpost ist eine Karte (Porto: 600 TSh) oder ein Brief (Porto: 700 TSh) gut eine Woche nach Europa unterwegs.

SICHERHEIT

Tansania gilt nicht nur im afrikanischen Vergleich als sicheres Reiseland. Zunehmend gibt es aber vor allem in Arusha und Daressalaam Taschendiebe oder Trickbetrüger, die es gezielt auf Urlauber abgesehen haben. Wenn es dunkel ist oder Sie sich unwohl fühlen: Nehmen Sie immer ein Taxi, auch für kurze Wege. Wertsachen und Geld sollten Sie möglichst im Hotel einschließen und ein paar kleine Scheine immer locker in der Hosentasche tragen, um nicht bei jedem Zeitungskauf die dicke Brieftasche zücken zu müssen. Niemals auf der Straße Geld tauschen! Einen Polizei- oder Krankenhausnotruf gibt es in Tansania nicht. Es ist ratsam, für den Notfall die Nummer des Hotels im Handy zu speichern.

WETTER IN DARESSALAAM

	Jan.	Feb.	März	April	Mai	Juni	Juli	Aug.	Sept.	Okt.	Nov.	Dez.
Tagestemperaturen in °C	31	32	32	31	30	29	29	30	30	31	31	32
Nachttemperaturen in °C	24	23	23	23	21	19	18	18	19	20	22	23
Sonnenschein Stunden/Tag	7	8	7	5	7	7	7	9	9	9	9	9
Niederschlag Tage/Monat	6	5	14	18	12	6	3	4	5	7	8	8
Wassertemperaturen in °C	28	28	28	28	27	26	25	25	25	26	27	28

STROM

220 Volt. Es sind dreipolige (englische) Stecker erforderlich. Notwendige Adapter sind im Land erhältlich.

TELEFON & HANDY

Die Vorwahl von Tansania ist 00255. Nach Deutschland: 00049; Österreich 00043; Schweiz 00041. Festnetzleitungen sind in Tansania chronisch unzuverlässig und brechen häufig zusammen. Im Gegensatz dazu sind Handynetze – Mobilnummern bestehen aus sechs Ziffern mit der 07 am Anfang – günstig und gut ausgebaut. Wer sein Handy mitbringt, hat in den meisten Gegenden guten Empfang. Um die hohen Roaminggebühren der europäischen Anbieter zu vermeiden, sollten Sie ein freigeschaltetes Mobiltelefon mitbringen und vor Ort eine SIM-Karte (2000 bis 3000 TSh) kaufen. Anbieter mit landesweitem Netz sind Airtel *(www.africa.airtel.com)*, Vodacom *(www.vodacom.co.tz)*, Zantel *(www.zantel.com)* und Tigo *(www.tigo.co.tz)*.

TRINKGELD

In Restaurants ist oft eine *service charge* im Preis enthalten, ansonsten können Sie den Betrag einfach aufrunden. Bei längeren Safaris oder Bergtouren sind sehr großzügige Trinkgelder des Gastes hingegen fest eingeplant. Sprechen Sie im Zweifelsfall vorher mit dem Veranstalter.

UNTERKUNFT

Von der Absteige bis zur Luxusherberge – es gibt alles. Das Preisniveau ist insgesamt jedoch sehr hoch. Eine Ausnahme sind die landestypischen Budget-Unterkünfte: In den Städten sind dies Gästehäuser (oft mit Gemeinschaftsbad und ohne warmes Wasser), in den Parks bescheidene *rest houses* (oft für Selbstversorger), an der Küste *Bandas* (Holz- oder Lehmhütten mit Strohdach). Mittelklasseunterkünfte – ob Hotel oder Lodge – bieten heißes Wasser, Ventilator und Klimaanlage. Die gehobenen Unterkünfte sind meist mit All-inclusive-Angeboten (Vollpension, Safaris) verbunden. In vielen Parks gibt es Camps: Der Gast schläft mitten in der Wildnis in luxuriösen, 2 m hohen Zelten, die vollständig möbliert sind und ein vollausgestattetes Bad mit europäischer Toilette besitzen. Neben festen Camps gibt es auch so genannte *flycamps* – mobile Camps, die teils nur für eine Safari errichtet werden.

ZEIT

Tansania ist der Mitteleuropäischen Zeit (MEZ) um zwei Stunden und während der Sommerzeit in Europa um eine Stunde voraus.

ZOLL

Die Ausfuhr von Muscheln, Elfenbein oder Schildkrötenpanzern ist gemäß dem Washingtoner Artenschutzabkommen verboten. Für historische Gegenstände müssen Sie eine Ausfuhrgenehmigung vorlegen. Verboten ist auch die Ausfuhr von Landeswährung (Schilling), Fremdwährung (Euro, Dollar) darf in beliebiger Höhe nach Tansania eingeführt werden. Zollfrei sind bei der Wiedereinreise in die EU u. a. folgende Waren: 200 Zigaretten; 1 l Spirituosen mit mehr als 22 Prozent Alkoholgehalt; 500 g Kaffee; 50 g Parfum. Mitbringen dürfen Sie außerdem Waren im Wert von 430 Euro pro Person. *www.zoll.de*

SPRACHFÜHRER ENGLISCH

AUSSPRACHE

Zur Erleichterung der Aussprache sind alle englischen Wörter mit einer einfachen Aussprache (in eckigen Klammern) versehen. Folgende Zeichen sind Sonderzeichen:

θ   hartes [s] (gesprochen mit Zungenspitze an der oberen Zahnreihe, zischend)

D   weiches [s] (gesprochen mit Zungenspitze an der oberen Zahnreihe, summend)

'   nachfolgende Silbe wird betont

ə   angedeutetes [e] (wie in „Bitte")

AUF EINEN BLICK

ja/nein/vielleicht	yes [jäs]/no [nəu]/maybe [mäibi]
bitte/danke	please [plihs]/thank you [θänkju]
Entschuldige!	Sorry! [Sori]
Entschuldigen Sie!	Excuse me! [Iks'kjuhs mi]
Darf ich ...?	May I ...? [mäi ai ...?]
Wie bitte?	Pardon? ['pahdn?]
Ich möchte .../Haben Sie ...?	I would like to ...[ai wudd 'laik tə ...]/ Have you got ...? ['Həw ju got ...?]
Wie viel kostet ...?	How much is ...? ['hau matsch is ...]
Das gefällt mir (nicht).	I (don't) like this. [Ai (dəunt) laik Dis]
gut/schlecht	good [gud]/bad [bäd]
offen/geschlossen	open ['oupän]/closed ['klousd]
kaputt/funktioniert nicht	broken ['brəukən]/doesn't work ['dasənd wörk]
Hilfe!/Achtung!/Vorsicht!	Help! [hälp]/ Caution! ['koschən]

BEGRÜSSUNG & ABSCHIED

Guten Morgen!/Tag!	Good morning! [gud 'mohning]/ afternoon! [aftə'nuhn]
Gute(n) Abend!/Nacht!	Good evening! [gud 'ihwning]/night! [nait]
Hallo!/Auf Wiedersehen!	Hello! [hə'ləu]/Goodbye! [gud'bai]
Tschüss!	Bye! [bai]
Ich heiße ...	My name is ... [mai näim is ...]
Wie heißen Sie/heißt Du?	What's your name? [wots jur näim?]
Ich komme aus ...	I'm from ... [Aim from ...]

Do you speak English?

„Sprichst du Englisch?" Dieser Sprachführer hilft Ihnen, die wichtigsten Wörter und Sätze auf Englisch zu sagen

DATUMS- & ZEITANGABEN

Montag/Dienstag	monday ['mandäi]/tuesday ['tjuhsdäi]
Mittwoch/Donnerstag	wednesday ['wänsdäi]/thursday ['Θöhsdäi]
Freitag/Samstag	friday ['fraidäi]/saturday ['sätərdäi]
Sonntag/Werktag	sunday ['sandäi]/weekday ['wihkdäi]
Feiertag	holiday ['holidäi]
heute/morgen/gestern	today [tə'däi]/tomorrow [tə'morəu]/yesterday ['jästədäi]
Stunde/Minute	hour ['auər]/minutes ['minəts]
Tag/Nacht/Woche	day [däi]/night [nait]/week [wihk]
Wie viel Uhr ist es?	What time is it? [wot 'taim is it?]
Es ist drei Uhr.	It's three o'clock. [its Θrih əklok]

UNTERWEGS

links/rechts	left [läft]/right [rait]
geradeaus/zurück	straight ahead [streit ə'hät]/back [bäk]
nah/weit	near [niə]/far [fahr]
Eingang/Einfahrt	entrance ['äntrənts]/driveway ['draifwäi]
Ausgang/Ausfahrt	exit [ägsit]/exit [ägsit]

SUAHELI

Ja./Nein./Okay.	Ndiyo./Hapana./Sawa.	1	Moja
Bitte./Danke.	Tafadhali./Asante.	2	Mbili
Entschuldigung!	Samahani!	3	Tatu
Hallo, wie geht's?	Hujambo?	4	Nne
Danke, es geht mir gut.	Sijambo.	5	Tano
Guten Tag.	Habari.	6	Sita
Guten Morgen!/Guten Abend!	Habari za asubuhi!/ Habari za jioni!	7	Saba
Auf Wiedersehen!	Kwaheri!/Tutaonana! (ugs.)	8	Nane
Ich heiße ...	Jina langu ni ...	9	Tisa
Ich komme aus ...	Mimi ninatoka ...	10	Kumi
... Deutschland.	... Ujerumani.	20	Ishirini
... Österreich./Schweiz.	... Mwaustria./... Uswisi.	100	Mia
Ich verstehe nicht.	Sielewi.		
Wie viel kostest es?	Hii ni shilingi ngapi?		
Bitte, wo ist ...?	Tafadhali, iko wapi ...?		
Helfen Sie mir bitte!	Tafadhali unisaidie!		

Darf ich Sie fotografieren?	May I take a picture of you? [mäi ai täik ə 'piktscha of ju?]
Wo ist ...?/Wo sind ...?	Where is ...? ['weə is...?]/Where are ...? ['weə ahr ...?]
Toiletten/Damen/Herren	toilets ['toilət] (auch: restrooms [restruhms])/ladies ['läidihs]/gentlemen ['dschäntlmən]
Bus/Straßenbahn	bus [bas]/tram [träm]
Parkplatz/Parkhaus	parking place ['pahking pläis]/car park ['kahr pahk]
Stadtplan/(Land-)Karte	street map [striht mäp]/map [mäp]
Bahnhof/Hafen	(train) station [(träin) stäischən]/harbour [hahbə]
Ich möchte ... mieten.	I would like to rent ... [Ai wud laik tə ränt ...]
ein Auto/ein Fahrrad	a car [ə kahr]/a bicycle [ə 'baisikl]
Tankstelle	petrol station ['pätrol stäischən]
Benzin/Diesel	petrol ['pätrəl]/diesel ['dihsəl]
Panne/Werkstatt	breakdown [bräikdaun]/garage ['gärasch]

ESSEN & TRINKEN

Reservieren Sie uns bitte für heute Abend einen Tisch für vier Personen.	Could you please book a table for tonight for four? [kudd juh 'plihs buck ə 'täibəl for tunait for fohr?]
Die Speisekarte, bitte.	The menue, please. [Də 'mänjuh plihs]
Könnte ich bitte ... haben?	May I have ...? [mäi ai häw ...?]
Messer/Gabel/Löffel	knife [naif]/fork [fohrk]/spoon [spuhn]
Salz/Pfeffer/Zucker	salt [sohlt]/pepper ['päppə]/sugar ['schuggə]
Vegetarier(in)/Allergie	vegetarian [wätschə'täriən]/allergy ['ällədschi]
Ich möchte zahlen, bitte.	May I have the bill, please? [mäi ai häw Də bill plihs]

EINKAUFEN

Wo finde ich ...?	Where can I find ...? [weə kän ai faind ...?]
Brennen Sie Fotos auf CD?	Do you burn photos on CD? [Du ju börn 'fəutəus on cidi?]
Apotheke/Drogerie	pharmacy ['farməssi]/chemist ['kemist]
Bäckerei/Markt	bakery ['bäikəri]/market ['mahkit]
Supermarkt	supermarket ['sjupəmahkət]
100 Gramm/1 Kilo	100 gram [won 'handrəd gräm]/1 kilo [won kiləu]
teuer/billig/Preis	expensive [iks'pänsif]/cheap [tschihp]/price [prais]
mehr/weniger	more [mor]/less [läss]
aus biologischem Anbau	organic [or'gännik]

ÜBERNACHTEN

Ich habe ein Zimmer reserviert.	I have booked a room. [ai häw buckt ə ruhm]
Haben Sie noch ...?	Do you have any ... left? [du ju häf änni ... läft?]
Einzelzimmer	single room ['singəl ruhm]
Doppelzimmer	double room ['dabbəl ruhm] (Bei zwei Einzelbetten: twin room ['twinn ruhm])

Dusche/Bad	shower ['schauər]/bath [bahθ]
Balkon/Terrasse	balcony ['bälkəni]/terrace ['tärräs]
Schlüssel/Zimmerkarte	key [ki]/room card ['ruhm kahd]
Gepäck/Koffer/Tasche	luggage ['laggətsch]/ suitcase ['sjutkäis]/bag [bäg]

BANKEN & GELD

Bank/Geldautomat	bank [bänk]/ATM [äi ti äm]/cash machine ['käschməschin]
Ich möchte ... Euro wechseln.	I'd like to change ... Euro. [aid laik tu tschäindsch ... iuhro]
bar/ec-Karte/Kreditkarte	cash [käsch]/ATM card [äi ti äm kahrd]/credit card [krädit kahrd]
Banknote/Münze	note [nout]/coin [koin]
Wechselgeld	change [tschäindsch]

TELEKOMMUNIKATION & MEDIEN

Ich suche eine Prepaid-karte.	I'm looking for a prepaid card. [aim 'lucking fohr ə 'pripäid kahd]
Wo finde ich einen Internetzugang?	Where can I find internet access? [wär känn ai faind 'internet 'äkzäss?]
Brauche ich eine spezielle Vorwahl?	Do I need a special area code? [du ai nihd ə 'späschəl 'äria koud?]
Computer/Batterie/Akku	computer [komp'jutə]/battery ['bättəri]/recharge-able battery [ri'tschahdschəbəl 'bättəri]
At-Zeichen („Klammeraffe")	at symbol [ät 'simbəl]
Internetanschluss	internet connection ['internet kə'näktschən]
E-Mail/Datei/ausdrucken	email ['imäil]/file [fail]/ print [print]

ZAHLEN

0	zero ['sirou]	30	thirty [θör'ti]
1	one [wan]	40	fourty [fohr'ti]
2	two [tuh]	50	fifty [fif'ti]
3	three [θri]	60	sixty [siks'ti]
4	four [fohr]	70	seventy ['säwənti]
5	five [faiw]	80	eighty ['äiti]
6	six [siks]	90	ninety ['nainti]
7	seven ['säwən]	100	(one) hundred [('wan) 'handrəd]
8	eight [äit]	200	two hundred ['tuh 'handrəd]
9	nine [nain]	1000	(one) thousand [('wan) θausənd]
10	ten [tän]	2000	two thousand ['tuh θausənd]
15	fifteen [fif'tihn]	10000	ten thousand ['tän θausənd]
20	twenty ['twänti]	1/2	a/one half [ə/wan 'hahf]
21	twenty-one ['twänti 'wan]	1/4	a/one quarter [ə/wan 'kwohtə]

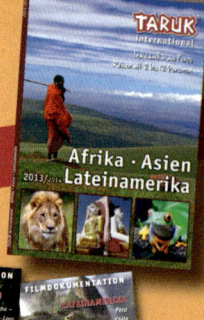

REISEATLAS

Unterwegs in Tansania

Die Seiteneinteilung für den Reiseatlas finden Sie
auf dem hinteren Umschlag dieses Reiseführers

Die grüne Linie ▬▬▬ zeichnet den Verlauf der Ausflüge & Touren nach
Die blaue Linie ▬▬▬ zeichnet den Verlauf der Perfekten Route nach

Der Gesamtverlauf aller Touren ist auch in
der herausnehmbaren Faltkarte eingetragen

Bild: Elefantenherde vor dem Kilimandscharo

126

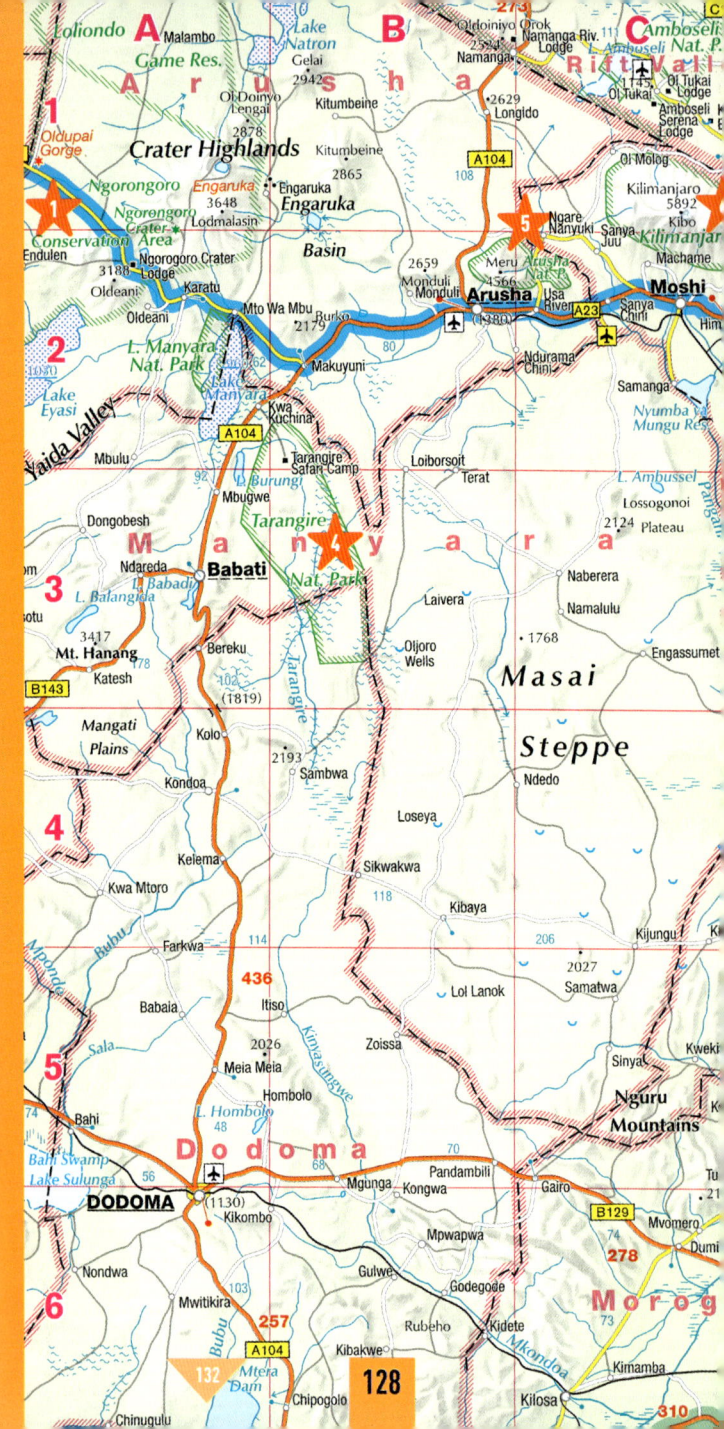

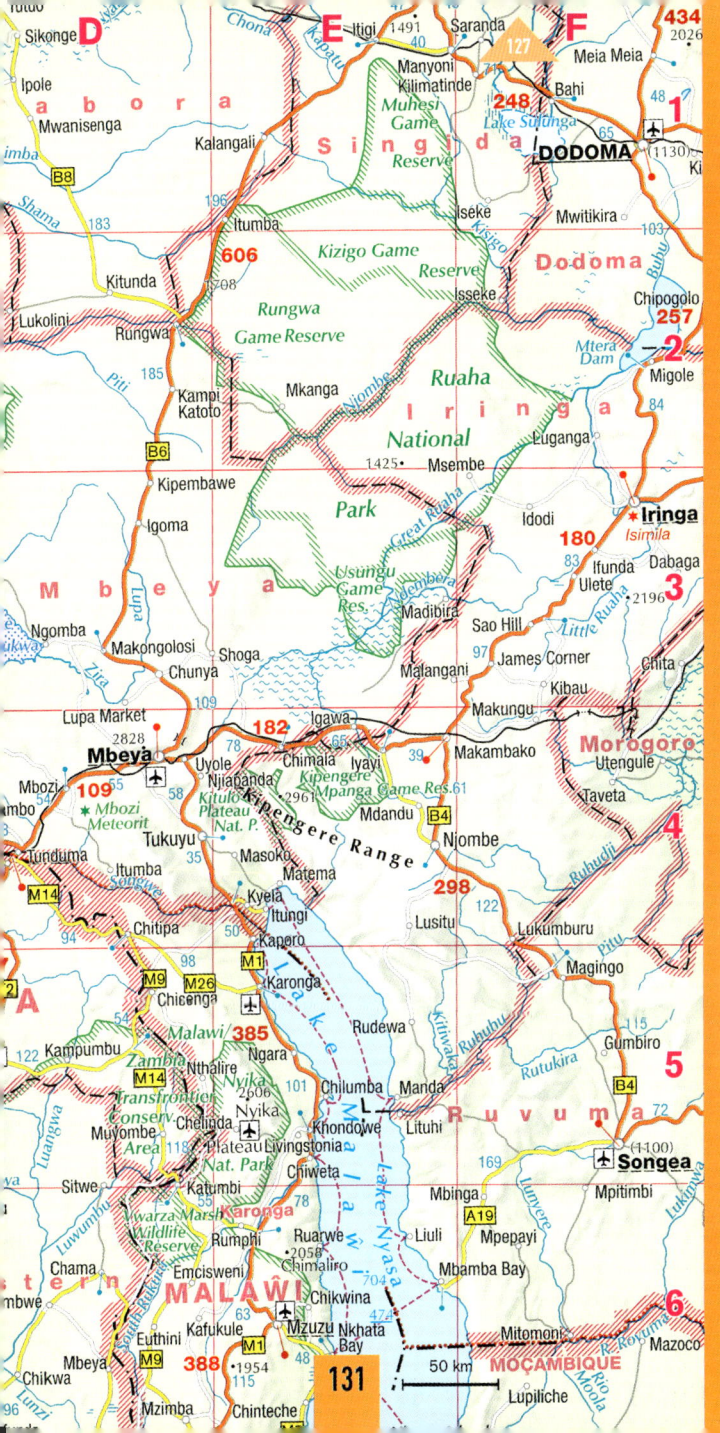

Zansibar

10 km

Ras Nungwi
Nungwi ★ 13

Kendwa

Tumbatu Island
Daloni Island
Kidoti
Fukuchani
Mnemba Island

Gomani
Puopu Island
Potowa
Kigomani

Mkokotoni
Kivunge
Matemwe

Ras Uso Wa Membe
Bububu
Chaani Ndogo
Pwani Mchangani

Indian

Bumbwini
Donge
Kinyasini

Ocean

Slave Chamber Mangapwani
Mahonda
Kiwengwa

Zingwe Zingwa
Kazole
Ndagaa
Pangani

Bondeni
Kichwele Forest Reserve
Mchangani
Pongwe

Kama
Mwakaje
Kiboje

Chuini
Chuini Ruins
Kizimbani
Persian Baths
Uroa

Bububu
Persian Baths
Kidichi
Machui
Mpapa

Changuu Island
Mtoni
Koani

Chapwani Island
Bawe Island
Mtoni Ruins
Maruhubi Ruins
Dunga
Ras Michamvi
Michamvi
Pingwe

11
Zanzibar Town
12
Chwaka
Chwaka Bay

Stone Town
Fuoni
Charawe
Ukongoroni
Dongwe

Murogo Island
Tunguu
Jozani-Chwaka Bay NP
Bwejuu

Mbweni Ruins
Bungi

Chukwani
Kombeni
Ukanga Island
Jozani
Paje

Chumbe Island
Bweleo
Kiwani Bay
Pete
Kitogani
Jambia

Chumbe Island Coral Park
Fumba
Sume Island
Unguja Ukuu
Muungoni

Ras Mkita
Uzi
Uzi Island

Njamembe Island
Kiembeni

Menai Bay Conservation Area
Makunduchi

Zanzibar
Kwale Island
Kizimkazi Dimbani
Kufile
Mzamba

Dar-es-Salaam
Pungume Island
Shirazi Mosque
Kizimkazi

Channel

134

Stone Town

500 m

Indian Ocean

Dar-es-Salaam

↑ *Pemba*

D   E   F

1

2

3

4

5

6

Zanzibar Port

Fishmarket

Clove Processing

Cine Afrique

Nungwi, Bububu, Livingstone House

Mizingani Rd.

Malindi Road

Malawi Rd.

Funguni Rd.

Malindi
Police Station

Benjamin Mkapa (Creek) Road

Ferry
Port

University of
Marine Science

Big Tree

Old
Dispensary

Malindi

Street

Kanga Bazar

Kokoni Street

Cemetery of
the Sultans

Palace Museum

Nyumba ya Moto Street

Mizingani Road

Tamamni Rd.

Kiponda Street

Zanzibar
Tourist Information,
Cooperation (ZTC)

*Chapwani
Island*

*Forodhani
Gardens*

Beit al Ajaib
(House of
Wonders)

Shiva Shakti
Hindu Temple

236 Hurumzi

Hurumzi Street

Khod Bazar

Kiponda

Dadaljani Street

Ali Hassan
Mwinyi Rd.

11

**Orphanage
House**

Ngome Kongwe/
Omani Fort

Changa Bazar

Soko la Street

Market

Busstation

Bank

Birthplace
Freddie Mercury

Gizenga St.

Hamamni
Street Hamamni
Persian Baths

Thana St.

Mkunazini St.

Kiponda

Tembo Hotel

Cathedral Street

Kajificheni
St.

New St.

Anglican
Cathedral

Kelele
Square

Kenyatta Rd.

St. Joseph
Cathedral

Mkunazini Road

New
Mkunazini Road

Karume Monument

Raghani Street

Sokomuhogo Street

Mkunazini Street

Karume Road

Shangani Street

*Shangani
Alley*

Tippu Tip's
House

Africa House
Hotel

Pipelwadi Street

Jamhuri
Gardens

Afya Medical
Hospital

Kawawa (Vuga) Rd.

Medical & Diagnostic
Center

Kiswahili
Institute

House of
Representatives

High Court
of Justice

Victoria Street

*Victoria
Gardens*

Office Rd.

Benjamin Mkapa (Creek) Road

State
House

Museum Road

Health Rd.

Kaunda Road

Beyt-al-Amani

Mapinduzi Road

Mnazi Mmoja Hospital

*Mnazi-Mmoja
Sports Ground*

↓ *Airport*

KARTENLEGENDE

Autobahn, mehrspurige Straße - in Bau Highway, multilane divided road - under construction		Autoroute, route à plusieurs voies - en construction Autosnelweg, weg met meer rijstroken - in aanleg
Fernverkehrsstraße - in Bau Trunk road - under construction		Route à grande circulation - en construction Weg voor interlokaal verkeer - in aanleg
Hauptstraße Principal highway		Route principale Hoofdweg
Nebenstraße Secondary road		Route secondaire Overige verharde wegen
Fahrweg, Piste Practicable road, track		Chemin carrossable, piste Weg, piste
Straßennummerierung Road numbering	C 33 RN3	Numérotage des routes Wegnummering
Entfernungen in Kilometer Distances in kilometers	259 130 129	Distances en kilomètres Afstand in kilometers
Höhe in Meter - Pass Height in meters - Pass	1365	Altitude en mètres - Col Hoogte in meters - Pas
Eisenbahn - Eisenbahnfähre Railway - Railway ferry		Chemin de fer - Ferry-boat Spoorweg - Spoorpont
Autofähre - Schifffahrtslinie Car ferry - Shipping route		Bac autos - Ligne maritime Autoveer - Scheepvaartlijn
Wichtiger internationaler Flughafen - Flughafen Major international airport - Airport	✈ ✈	Aéroport importante international - Aéroport Belangrijke internationale luchthaven - Luchthaven
Internationale Grenze - Provinzgrenze International boundary - Province boundary		Frontière internationale - Limite de Province Internationale grens - Provinciale grens
Unbestimmte Grenze Undefined boundary		Frontière d'Etat non définie Rijksgrens onbepaalt
Zeitzonengrenze Time zone boundary	-4h Greenwich Time -3h Greenwich Time	Limite de fuseau horaire Tijdzone-grens
Hauptstadt eines souveränen Staates National capital	**DODOMA**	Capitale nationale Hoofdstad van een souvereine staat
Hauptstadt eines Bundesstaates Federal capital	**Tabora**	Capitale d'un état fédéral Hoofdstad van een deelstat
Sperrgebiet Restricted area		Zone interdite Verboden gebied
Nationalpark National park		Parc national Nationaal park
Antikes Baudenkmal Ancient monument	∴	Monument antiques Antiek monument
Sehenswertes Kulturdenkmal Interesting cultural monument	Rock ✳ Paintings	Monument culturel interéssant Bezienswaardig cultuurmonument
Sehenswertes Naturdenkmal Interesting natural monument	Sudwala ✳ Caves	Monument naturel interéssant Bezienswaardig natuurmonument
Brunnen Well		Puits Bron
Ausflüge & Touren Trips & Tours		Excursions & tours Uitstapjes & tours
Perfekte Route Perfect route		Itinéraire idéal Perfecte route
MARCO POLO Highlight	★1	MARCO POLO Highlight

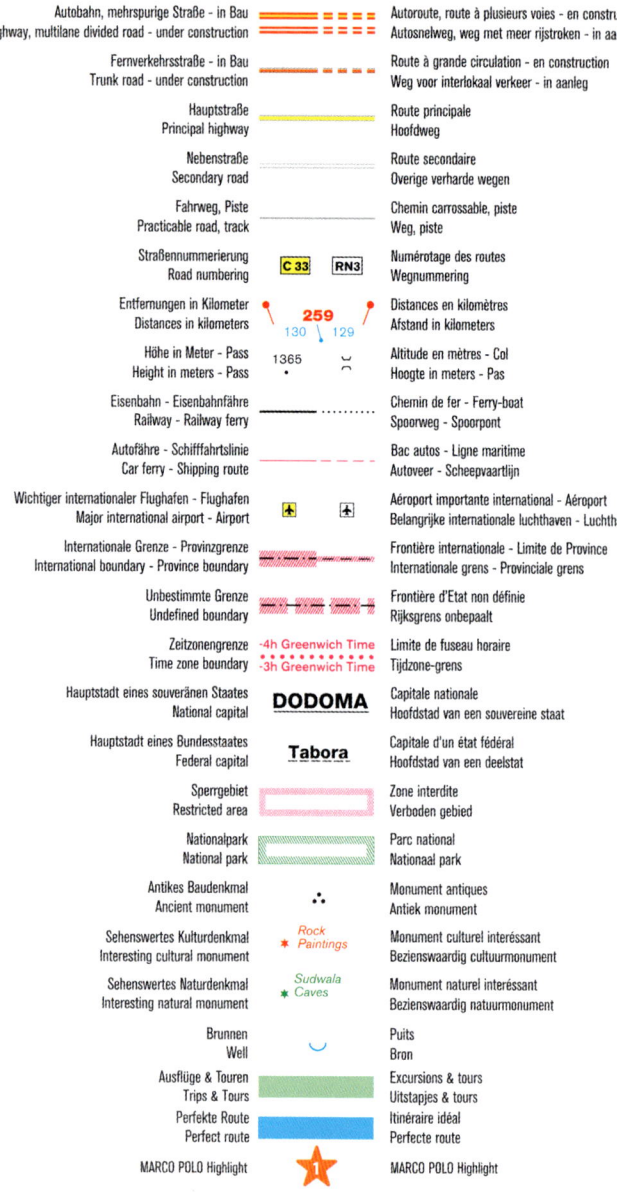

ALLE **MARCO POLO** REISEFÜHRER

REGISTER

Im Register sind alle in diesem Reiseführer erwähnten Orte und Ausflugsziele sowie wichtige Sachbegriffe verzeichnet. Gefettete Seiten zahlen verweisen auf den Haupteintrag.

SCHREIBEN SIE UNS!

SMS-Hotline: 0163 6 39 50 20

Egal, was Ihnen Tolles im Urlaub begegnet oder Ihnen auf der Seele brennt, lassen Sie es uns wissen! Ob Lob, Kritik oder Ihr ganz persönlicher Tipp – die MARCO POLO Redaktion freut sich auf Ihre Infos.
Wir setzen alles dran, Ihnen möglichst aktuelle Informationen mit auf die Reise zu geben. Dennoch schleichen sich manchmal Fehler ein – trotz gründ-

E-Mail: info@marcopolo.de

licher Recherche unserer Autoren/innen. Sie haben sicherlich Verständnis, dass der Verlag dafür keine Haftung übernehmen kann. Kontaktieren Sie uns per SMS, E-Mail oder Post!

MARCO POLO Redaktion
MAIRDUMONT
Postfach 31 51
73751 Ostfildern

IMPRESSUM
Titelbild: Felder am Kilimandscharo, mauritius images: ib (Doering); Gänsegeier, Getty Images: Visuals Unlimited (McDonald)
Fotos: Buccaneer Diving and Watersports: Sander den Haring (16 M.); Chagga Tours (17 u.); Diamir Erlebnisreisen GmbH (44, 75); R. M. Gill (62); M. Engelhardt (1 u.); Getty Images: Groenendijk (3 o., 64/65), Osborne (69), Visuals Unlimited (McDonald) (1 o.); Huber: Gianni (24/25), Limmatdruck (27, 112 u.), Ripani (3 M., 76/77); iStockphoto.com: WILLSIE (16 u.); G. Jung (Klappe l., 15, 34, 46, 54, 113); M. Kirchgessner (7, 8, 20, 48, 57, 78, 81, 87, 108); La Terra Magica: Lenz (18/19, 30 u., 40); Laif: Dorn (108/109, 109), hemis.fr (22, 104/105), hemis.fr (Dozier) (84, 90, 112 o.), Hilger (28/29), Hoa-Qui (125), Hoa-Qui (Denis-Huot) (100/101), Hoa-Qui (Lafforgue) (66), Hoa-Qui (Pavard) (91), Hoa-Qui/Jacana (Shah) (2 o., 4, 36/37), Jacana (Shah) (97), Le Figaro Magazine (Fleury) (58, 61), Kirchgessner (28, 29), Kuenzig (82), Rodtmann (80); Look: age stockfoto (Leniuk) (26 l.), TerraVista (3 u., 94/95); mauritius images: age (9, 12/13, 30 o., 92/93), Alamy (2 M.o., 2 M.u., 5, 6, 10/11, 26 r., 32/33, 38, 43, 51, 98/99), CuboImages (88), ib (FB Fischer) (2 u., 52/53), ib (Doering) (1 o.); Mawazo Contemporary Art Centre (16 o.); H. Mielke (102); TANSANIA MAASAI WOMEN ART: Rachel Ambrose (17 o.); Visum: Keller (Klappe r., 72), Ostergaard (70), Panos Pictures (106)

2. Auflage 2013
Komplett überarbeitet und neu gestaltet
© MAIRDUMONT GmbH & Co. KG, Ostfildern
Chefredaktion: Michaela Lienemann (Konzept, Chefin vom Dienst), Marion Zorn (Konzept, Textchefin)
Autor: Marc Engelhardt; Redaktion: Martin Silbermann
Verlagsredaktion: Anita Dahlinger, Ann-Katrin Kutzner, Nikolai Michaelis
Bildredaktion: Gabriele Forst
Im Trend: wunder media, München
Kartografie Reiseatlas: © MAIRDUMONT, Ostfildern; Kartografie Faltkarte: © MAIRDUMONT, Ostfildern
Innengestaltung: milchhof:atelier, Berlin; Titel, S. 1, Titel Faltkarte: factor product münchen
Sprachführer: in Zusammenarbeit mit Ernst Klett Sprachen GmbH, Stuttgart, Redaktion PONS Wörterbücher
Das Werk einschließlich aller seiner Teile ist urheberrechtlich geschützt. Jede urheberrechtsrelevante Verwertung ist ohne Zustimmung des Verlags unzulässig und strafbar. Das gilt insbesondere für Vervielfältigungen, Übersetzungen, Nachahmungen, Mikroverfilmungen und die Einspeicherung und Verarbeitung in elektronischen Systemen.
Printed in China

BLOSS NICHT ☝

Unhöfliche und ungeduldige Menschen mögen die Tansanier nicht

AUF *FLYCATCHER* EINGEHEN

Fliegenfänger nennt man jene Männer, die Touristen ansprechen und Ihnen wahlweise günstige Safaris, Ausflüge oder Tickets besorgen wollen. Worauf das Ganze hinausläuft: Man will Ihr Geld. Gehen Sie deshalb weiter, und lehnen Sie höflich, aber bestimmt ein Gespräch ab. Das gilt auch, wenn Sie von bettelnden Kindern angesprochen werden, und vor allem dann, wenn man Ihnen anbietet, auf der Straße Geld zu wechseln: Solche Geschäfte sind illegal.

ZÄRTLICHKEITEN AUSTAUSCHEN

Jeder öffentliche Austausch von Zärtlichkeiten – auch Händchen halten! – ist in Tansania (erst recht auf den Inseln) absolut verpönt. Besonders öffentliches Küssen wird ungern gesehen. Homosexualität ist sogar verboten, auch wenn das Verbot kaum geahndet wird.

UNGEDULDIG WERDEN

Höflichkeit, Freundlichkeit und Geduld sind in Tansania unerlässlich. Auch wenn Sie nur nach dem Weg fragen, sollten Sie sich die Zeit nehmen, Ihr Gegenüber zu begrüßen (das richtige Händeschütteln schauen Sie sich am besten bei den Tansaniern ab!). Der Umgang mit Autoritäten verlangt Feingefühl: Bleiben Sie höflich und ruhig, sonst kommen Sie nicht zum Ziel. Und schenken Sie Ihrem Gesprächspartner Zeit – es ist das höchste Gut.

BEI DER HYMNE SITZEN BLEIBEN

Wenn die Nationalhymne erklingt (und das passiert vor jeder öffentlichen Aufführung, sei es Konzert, Kinofilm o. Ä.), gilt für jeden: aufstehen und innehalten, bis die Musik zu Ende ist.

DEN HELDEN SPIELEN

Die Wahrscheinlichkeit ist nicht sehr groß, aber: Falls Sie überfallen werden, geben Sie den Dieben, was sie wollen. Oft sind Räuber mit einem Messer oder einer Pistole bewaffnet und haben keine Hemmungen, sie einzusetzen.

MIT DEM TRINKGELD KNAUSERN

Wenn Sie mit einem Führer auf eine Safari gehen, auf den Kili steigen oder einen Fahrer mieten, zeigen Sie sich – außer, Sie sind unzufrieden – großzügig. Ihr Trinkgeld sichert sehr wahrscheinlich das Haupteinkommen Ihres Guides und seiner Familie.

MIT GROSSEN SCHEINEN REISEN

Ob beim Kauf von Bustickets, im Markt oder in der Garküche: Wechselgeld ist selten vorhanden. Sie sollten deshalb immer genügend Kleingeld in der Tasche haben. Und sich nicht ärgern, wenn Ihnen zu wenig Wechselgeld herausgegeben wird. Diese Großzügigkeit funktioniert in beide Richtungen. Beim nächsten Einkauf bekommen Sie vielleicht 100 Schillinge geschenkt.